JN044469

祇園さゝ木×一門会 師弟セッション

Session

この本は、料理人のための和食専門ウェブ・マガジン「WA・TO・BI—和食の扉—」にて2021年4月から12月まで連載した「『祇園さゝ木』一門会 師弟セッション」、関西の食雑誌「あまから手帖」2018年11月号の特集「割烹ってなんだ？」内「割烹革命」をもとに、加筆・再編集したものです。

佐々木浩

割烹『祇園さゝ木』主人。１９６１年奈良県生まれ。祖父、父が料理人という環境で育ち、高校卒業後に料理人の道へ。滋賀県の料理旅館を皮切りに複数店で修業し、27歳で京都・先斗(ぽんと)町の『割烹ふじ田』料理長に就任。１９９８年、36歳で独立し、祇園町北側に『祇園さゝ木』を開店。その後、移転に伴い店舗の規模を広げ、２００６年、八坂通に１００坪の一軒家を購入。１年がかりで改装を施し、連日「予約の取れない店」として満席を取り続ける。「弟子を育てる店作りを」と再度改装を施し、２０２３年8月、リニューアルオープンを果たす。

一門会

『料理屋まえかわ』店主・前川浩一さん

『祇園さゝ木』元二番手・中川寛大(のりひろ)さん

『祇園 きだ』店主・木田康夫さん

『鮨 楽味』料理長・野村一也さん

『老松 喜多川』店主・喜多川 達(とおる)さん

さゝ木

『おが和』
店主・小川洋輔さん

『にしぶち飯店』
店主・西淵健太郎さん

『祇園にしかわ』
店主・西川正芳さん

一門会

『料理屋まえかわ』
店主・前川浩一さん

1982年、長崎県生まれ。『祇園さゝ木』での修業は25歳から。13年間勤め、最後は料理長に。2020年6月、京都・西木屋町にて独立。佐々木さんが「アイデアマン」という通り、洋も中華も和食に着地させる、枠に囚われぬ感性が評判を呼んでいる。

『祇園さゝ木』
元 二番手・中川寛大（のりひろ）さん

1994年、三重県生まれ。高校生レストランで有名な三重県立相可（おうか）高等学校を卒業後、『祇園さゝ木』にて修業開始。2020年から二番手として活躍。23年より京都のイタリア料理店『cenci（チェンチ）』勤務。「探究心に溢れ、何でも率先して取り組む男やね」と佐々木さん。

『祇園 きだ』
店主・木田康夫さん

1971年、滋賀県生まれ。『先斗町（ぽんとちょう）ふじ田』から佐々木さんの右腕として活躍し、『祇園 楽味』など系列各店の料理長を経て2016年独立。軽妙なトークと魅せる仕事でカウンターを沸かせている。佐々木さんが「柔軟でいて冷静。一門会の長男」と頼りにする存在。

『鮨 楽味』
料理長・野村一也さん

1988年、富山県生まれ。東京『旭鮨総本店』、『祇園さゝ木』で各6年間腕を磨き、東京『鮨 よしたけ』での修業を経て『鮨 楽味』料理長に。「和食と鮨の技を知る稀有な存在。より研鑽して、トップクラスの料理人になって欲しい」と佐々木さんは期待する。

ゝ

『老松 喜多川』店主・喜多川 達（とおる）さん

1980年、大阪府生まれ。『船場吉兆』、『一汁二菜うえの』での修業を経て『祇園さゝ木』へ。『一汁二菜うえの』料理長を経て、2012年6月、大阪・西天満で独立。2023年、同エリアにて移転オープン。佐々木さん評は「お調子者やけど仕事は真面目な気質」。

『おが和』店主・小川洋輔さん

1976年、千葉県生まれ。『京都吉兆』で6年間腕を磨き、『祇園さゝ木』で8年半キャリアを積んで2010年に独立。2022年1月には、烏丸御池に移転。「とことん突き詰め、完成度が高い料理を生み出すのが彼らしさ」と佐々木さんは大いに信頼を寄せる。

『にしぶち飯店』店主・西淵健太郎さん

1983年、京都府生まれ。「京都ブライトンホテル」の中国料理店『花閒（かかん）』を経て『祇園さゝ木』で5年修業した後、2013年4月に独立。広東料理を軸に和の素材・技法を取り入れた緩急自在のコースが好評。「やんちゃで野心的。攻めの料理も得意」と佐々木さん。

『祇園にしかわ』店主・西川正芳さん

1975年、京都府生まれ。高校卒業後、京都・亀岡の旅館『翠泉（すいせん）』で8年経験を積み、『祇園さゝ木』で9年修業。山科『わらびの里』、『祇園 花霞』での料理長を経て2009年に独立。佐々木さん曰く「西川の料理は、一本筋を通しながらも遊び心がある」。

はじめに

もう一度、新たなステージで勝負しよう！　そう決意して、半年の大改装に踏み切ったのは、2023年2月のことでした。

京都に骨を埋める、という覚悟を示すため、今の場所に一軒家を購入したのが、2006年。当時、僕は45歳でした。仕事は面白いし、身体も動くし、アイデアもどんどん浮かぶ。挑戦することが楽しくて仕方がない、怖いもんなしの時代でした。代々続く料亭が多い京都にあって、新参者の僕が日本料理店を繁盛させるには、恐れずに、挑戦を続けなければならない。「京料理の世界に風穴を開ける！」という気概で、様々なことに挑んできました。

石窯を設置したり、夜のコースを18時30分の一斉スタートにしたり。ランチのデザートを何種類も用意して、お客様に選んでいただいたり。フカヒレや牛肉をコースに組み込んだのも早かったと思います。日本料理店としては前代未聞なことばかりやってきたので、〝割烹の革命児〟なんて呼ばれるようになって、店も予約が取れない人気店に。有難いことだと思っています。

日本料理の世界に入って40余年、とにかく全力で走ってきた、という感じです。気が付いたら還暦を過ぎていました。京都の日本料理人として、この先をどう生きるか？　一度、立ち止まって真剣に考えてみようと思ったんです。

おこがましいかもしれませんが、僕には、日本料理の世界に新風を吹き込んだ、という自負があります。でも、その延長線上でやっていくのは面白くない。「守りに入ったらアカン」という想いが突き上げてきたんです。

何かもう一つ、新しいカタチを築いて、残したい。閃いたのが、ラボという発想でした。直訳すると研究所ですが、新しい料理を創造する実験的な場所というイメージで捉えています。

僕の新しいチャレンジは、孤軍奮闘ではありません。60代になって「僕が、僕が」でもないな、と。これからは弟子たちと共に歩いていきたい。若い感性と僕の経験値がもたらす相乗効果が、新生『祇園さゝ木』の武器になると思っています。料理は「チームさゝ木」全員で考え、試作してディスカッションし、決めていくつもりです。カウンターの目の前にオープンキッチンを設え、僕も、1年目の新人も、10年選手も一緒に料理します。時に「この料理、私が作りました！」と、若い子が自らお出しする。そんなライブ感をお客様に楽しんでいただこうと思っています。

60歳を過ぎて、自分の持っているものを余すところなく弟子たちに伝承したいと、素直に思えるようになったんです。逆に、僕は彼らから刺激をもらいたい。今は十年ひと昔ではなく、五年ひと昔。世界は目まぐるしく変化しています。その変化に敏感でなければ、感性は古くなる。そのためにアンテナは1本より10本、20本の方がいい。多くの情報をキャッチできますから。

そんな心境に至ったのも、独立組の「さゝ木一門会」の存在があればこそ。右腕たちがどんどん独立して、京都を中心に人気店を築いている。彼らを束ねて何かしたいなと思ったのは、10年ほど前。「さゝ木一門会」としてイベントに出たり、お節を作ったりして、交流を深めていました。そして2021年、料理人のための和食専門ウェブ・マガジン「WA・TO・BI—和食の扉—」の連載の話が舞い込んできたんです。

連載「『祇園さゝ木』一門会 師弟セッション」は、「先付」「椀物」など会席の品書きをテーマに、僕と「一門会」の面々が料理を作って、食べて語り合う、というもの。彼らは店に戻れば主ですから、僕と同じように孤独な戦いをしています。誰も指導してくれない立場ですから、気が付いたことは何でも指摘し、可能な限りアドバイスしようと心に決めて臨みました。

取材時は、久しぶりに師弟に戻れて楽しかったです。彼らも、今の自分の料理を引っ提げて、全力でぶつかってきてくれた。その中に〝さゝ木イズム〟がちゃんと息づいていることを知って、めっちゃ嬉しかった！ 彼らにとって、いい師匠であり続けたい、と改めて思いました。

その9カ月に及ぶ連載をベースにしたのが、この一冊です。今、僕の下で働く弟子たちと始めた実験的な試みも、『祇園 楽味』の〝試食会〟として、新たに収録してもらっています。弟子たちと僕のセッションを通して、日本料理の素晴らしさ、面白さ、新しさを感じていただけたら幸いです。

祇園 さゝ木

楽味めざして!

佐々木浩

はじめに

祇園さゝ木
再始動

2023年8月。
約半年の大改装を経て
新生『祇園さゝ木』が開幕。
営業初日の模様と、
店づくり、味づくりにおける
〝佐ゝ木イズム〟をお届けします。

『祇園さゝ木』の新たな舞台が幕を開けた。カウンターに臨む、様変わりした広い厨房で「ほな、いきましょかー！」「はいっ！」と威勢のいい声が飛び交う。「えー、今日から再スタートです。まだまだ元気にやっていきたいと思うので、皆様どうか見捨てず（笑）、よろしくお願い致します！」。主人・佐々木 浩さんと弟子たちの、緊張感を帯びながらも晴れ晴れとした表情に「久しぶりの光景や」、「待ちわびてたわ」と満面の笑みを向ける常客たち。

還暦を過ぎた今、再始動に踏み切った佐々木さんの想いを伺った。

チーム全員が主役の フルオープンキッチン

新たなコンセプトは「弟子たちと一緒に料理を作る」。若い彼らは、とてつもないパワーと情報を持っています。チーム一丸となって、『祇園さゝ木』の新しい料理を追求したい。その想いは、全面改装した店内の至るところに宿っています。

まず、玄関を入った右側にガラス張りの「ラボ」を設置。料理を創造する実験的な場所であり、お

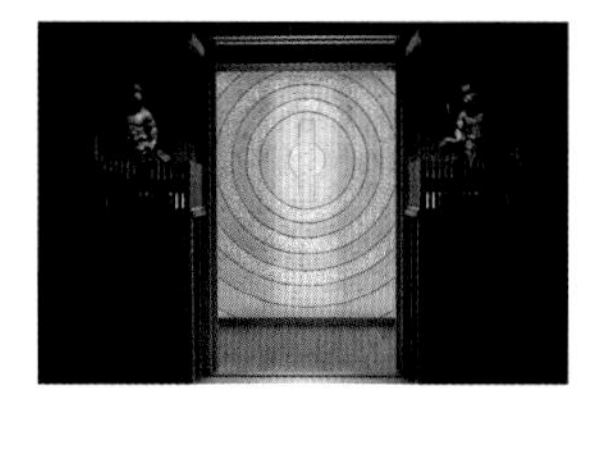

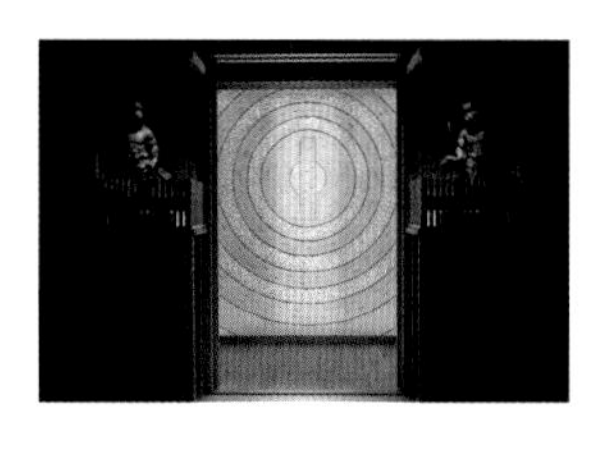

客様には仕込みの様子も見ていただけます。フロアへと続く自動扉の手前では、邪気を払うためにお祀りした仁王像が、弟子たちを見守り、お客様を出迎えます。

ドアが開くと、和紙作家・堀木エリ子さんによる、手漉き和紙のライトオブジェ。圧倒的な存在感に驚いていただけるはずです。堀木さんが言うには、「佐々木さんは、いつも新たな挑戦によって高揚感を生み出すので、私もここで新たな挑戦をしたいと思います」と。嬉しいですねぇ。平面と立体を組み合わせ、動線によって円の見え方が変わる作品は初めての試みだったとか。円、つまり様々なご縁、そして輪が繋がり広がる場になったらいいな、という想いがこもっています。

一番の見どころはやはり客席。新しい檜のカウンターの上部に、以前使っていたマホガニーのカウンターを設置しています。石窯や壁を取り払い、厨房すべてを見渡すことができる空間に変えました。表舞台とバックヤードの垣根をなくすことで、僕自身、スタッフの仕事に目が行き届き、すぐに指導ができます。丸見えやから、あんまりキツく言えないのが難点ですわ（笑）。

この広々とした舞台で、修業1年目の若手も、

10年選手も僕も一丸になって挑もうと。カウンター席は17から12に減らしたので、接客にも一層、集中できると思います。その姿をお客様に見ていただくことで、スタッフも成長していくはずです。

間仕切りのテーブル席があった奥の離れも改装し、6席のL字カウンターを設えました。実は、当初はこちらの営業開始を30分遅らせようかと考えていたのですが、「時間をずらしてあなたが立ったら、結局〝俺が、俺が〟になるやんか」という女将の指摘もあり（笑）、同時に一斉スタートさせることに。僕がメインカウンターにおる時は離れにスタッフが立ってカウンターを守らなアカンし、その逆もある。現場の様子を見ながら、チーム全員が主役になれるよう、心がけました。

気鋭のデザイナーと挑んだ〝遊び〟のある数寄屋造り

全面リニューアルを決めた時、実は純日本建築の内装にしようと思ってたんです。その考えを覆したのが、ご常連である銘木商『永井半』永井慶和（よしかず）さんの一言でした。「数寄屋造りの〝数寄〟とは〝好き〟と同じ。佐々木さんらしさを存分に取り入れないと、おもんないで！」。ハッと我に返りましたね。料理同様、守りに入ったらアカンと。

そんな時、たまたま出会ったのが気鋭の建築デザイナー・藤田卓彦（たかひこ）くんでした。当初は正直、「大丈夫か⁉」と思うことも多かったんですが（笑）。アイデアをどんどん僕にぶつけてくる。次第に「おもろいやっちゃなぁ〜」と思えてきて、「よっしゃ、建築デザイナーも育てたろ」と。堀木さんや永井さん、他にもいろんな重鎮に会わせて、彼自身、苦しみながら一皮も二皮も剥けたんちゃうかな。茶室の工法を取り入れながら、真似できへんような革新ある造りに挑戦してくれました。

例えば、メインカウンターがある部屋の天井は、黒部へぎ板の網代（あじろ）が壁側に向かってゆるやかな曲線を描いています。この形状は職人さんの技巧であり、どこにもない作品。離れのカウンターの中柱は、茶室では最高級とされる椿の原木に、竹と檜を組み合わせました。土壁には黒の塗装を施し、細い銅板をあしらい、和の建築美に少しの違和感を。数寄屋建築の伝統を重んじながら、随所に僕らしさ、遊びを表現できたと思います。

さて、後半では『祇園さゝ木』の新たな味づくりについて語らせてください。

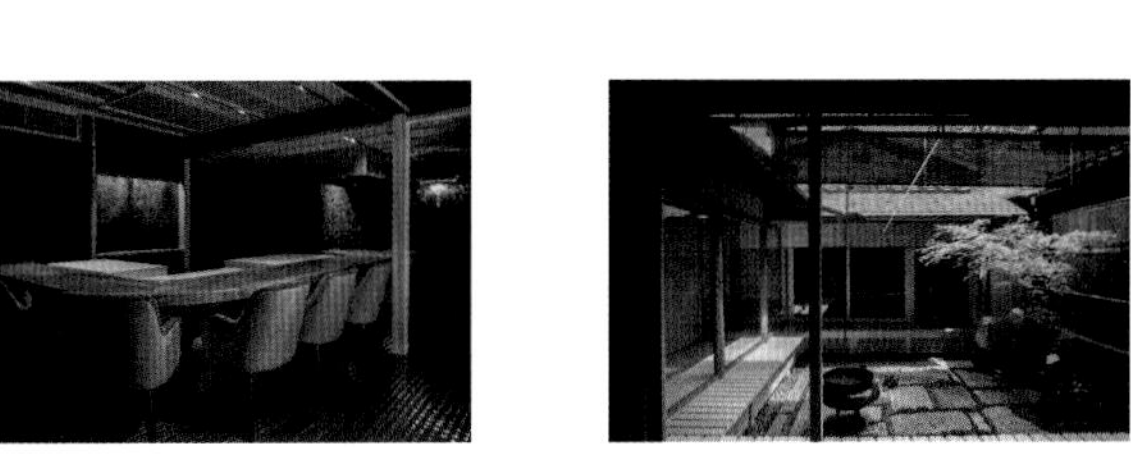
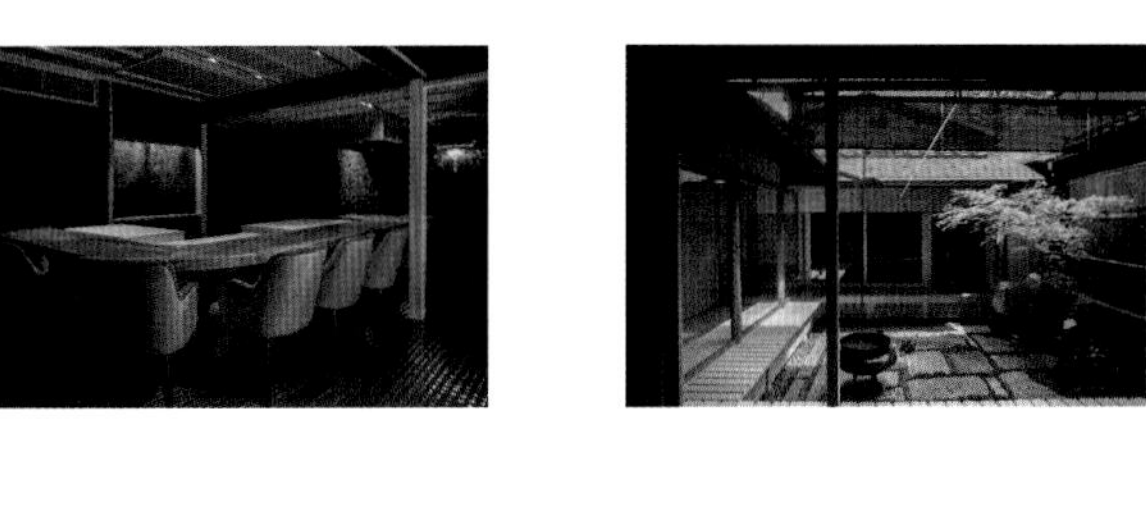

昼のコース

昼のコースは22000円(全8品)。焼き物は、笹ガレイを蓼(たで)酢のドレッシングで。繊細な身の旨みに澄んだ苦みが映える。スイスチャードや夏野菜も味に輪郭を与える。

昼の冷やし鉢。茄子の炊いたんと炭火炙りの伝助穴子。皮目をしっかり焼いた穴子はふっくら熱々。冷製のナスとの温度差が楽しい。ミョウガを添え、振り柚子をして提供する。

昼のご飯物は、太刀魚の天ぷら丼。五島列島の3kgものの分厚い身がほわっと柔らかくジューシー。しゃもじで崩すと、とろみの付いた甘ダレが絡み、艶やかなご飯が止まらない。

夜のコースは44000円(全12品)。先付は白芋茎(ズイキ)と鯛の昆布〆を、昆布だしと清らかな旨みの清湯(チンタン)のジュレに絡めて。オクラ、針ショウガの甘酢漬けと共に。

夜のコースから、冬瓜の松前煮と鮎の風干しの椀。「椀物は王道を貫く」という利尻昆布と本枯節から引いた一番だしは深淵な味わい。ほろりと崩れる冬瓜、鮎の苦みが印象的。

夜のコース

夜の焼き物は、鮑柔らか煮ステーキ。プリンとしたアワビの下に飴色の玉ネギを忍ばせ、コクの深い、アワビの肝ソースと共に味わう。塩揉みしたコリンキーが、食感のリズムを生む。

お客を楽しませつつ、目前で美味しい料理を仕立てる〝楽味〟というポリシーはそのままに、フルオープンキッチンで弟子と共に挑む新たな味づくり。割烹界の革命児と称される主人が、新たな「佐々木流」について語る。

若い感性と経験値の融合
弟子たちと一緒に献立を作る

〝俺が、俺が〟を封印して、弟子たちと一緒に料理を作りたい。そう思えたのは、若い子たちに大きな可能性を感じているからです。彼らの感性を引き出し、僕が持つ経験値を掛け合わせれば、化学反応を起こし、その先に新たな世界があると確信しているんです。

そのためには、厨房を一切合切変えなきゃいけなかった。カウンター内にあった石窯は僕の大親友やったんですけど、手放さないと次のステップに進むことができへん。正直、撤去の時には泣けてきましたわ。でもその代わり、キッチンのど真ん中に、炭焼き場を据えました。炭火焼きという原始的な調理法に戻り、もういっぺん勝負しようと。僕自身、焼き物が大好きというのもあるんですが、古い職人の技術を、弟子たちに伝えたいという決意の表れでもあるんです。

昼のコースは、夜に出す料理3品を含む計6品にご飯、デザート。夜は、これまでと同じく鮨2カンを含む料理9品にご飯、デザート2品という構成です。その料理の組み立て方を、ガラッと変えました。以前は、献立の9割以上を僕が決めていたのですが、今は調理スタッフ全員でミーティングをして組み立ててます。「おやっさん、焼き物で肉を使いたいんです」、「ほないっぺん、考えてみ」といった流れから、最適な手法を一緒に見つけ出す。彼らは「ラボ」で試作を繰り返すこともあるでしょう。先輩も後輩も切磋琢磨し、お互いに伸びていってもらえたら嬉しいですね。

実は改装工事中、彼らを武者修行に出したんです。煮方の坂東春樹は、中国料理『京、静華』へ。焼き場担当の田中涼平は、肉料理が得意やから『洋食 おがた』。魚の責任者・徳原裕哉は老舗宿『柊家』で経験を積ませてもらいました。他にも、『新門前米村』や『祇園にしかわ』、金沢のスペイン料理『レスピラシオン』、滋賀の旅館『びわこ緑水亭』など、様々なお店で彼らを鍛えていただきました。お世話になったご店主の方々には、本当に感謝をしています。

修業の成果は、少しずつですが献立の中にも見て取れます。例えば夜コースの先付「白芋茎と鯛の昆布〆」にかけているのは、中国料理のクリアなスープ・清湯と昆布だしからなるジュレ。これを発案したのは、坂東ですよ。「オモロい発想やんか！　でも、少し香りのアクセントが欲しいな」と助言をして、針ショウガの甘酢漬けを添えるに至りました。「鮑柔らか煮ステーキ」は「美味いけど、食感が単調かもしれへん」と皆に伝えたところ、「塩揉みしたコリンキーを合わせたらどうです？」と若手スタッフ・勝村和彦からアイデアが出てきたんです。この一連のやり取りがあることで、営業中に「この焼き物、こいつが考えよったんですわ」とお披露目できますし、食べたお客様から「コレ美味いやんか」と言ってもらえたら、彼らのモチベーションにも繋がると思ってます。

〃ほんまもん〃の和食を後世へ伝える取り組みも

多くの方に『祇園さゝ木』の味を楽しんでもらえるよう、新たな試みもいくつか考えています。

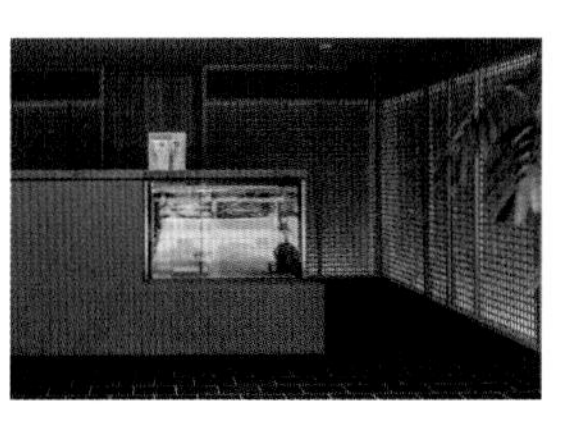

店の下に、以前はシャッターを降ろしていた空間があるのですが、そこにショップを設け、ウチの味を楽しめるだしパックや焼き菓子、鯖寿司などオリジナルの商品を販売します。通りすがりに気軽に寄っていただけますし、ご予約時間より早く到着されたお客様にも楽しんでいただけるかな、と思っています。

もう一つ考えているのが「こども割烹」。不定期ですが、定休日にお子さんを招いて、ウチの厨房で料理を作って食べるイベントを開催したいと思っています。今、家族揃ってご飯を食べることがないご家庭も多いじゃないですか。顔を合わせて食べる楽しみを改めて知って欲しいし、レシピを持ち帰って、家でもちょっと手間をかけた和食を味わって欲しいんです。

その経験が楽しかったり、褒められたりすることで「将来、料理人になりたい！」って言うお子さんも出てくるかもしれない。弟子はもちろんですが、若い世代に料理は楽しい、料理人はカッコイイと思ってもらいたいんですよ！　僕にも孫ができたからかなぁ（笑）。また違った側面からですが、京都の食文化を支えることに繋がったらいいな、と考えています。

目次

先付

×

『料理屋まえかわ』
店主
前川浩一

コースの始めに登場する先付は、
店の第一印象を決める料理。
期待を高められるか否かを左右する、
重要なポジションです。
挑戦するのは、師匠に「昔っからアイデアマン」と
言わしめる『料理屋まえかわ』店主・前川浩一さん。
師匠は魚介、弟子は野菜を軸に、
クリエイティブな料理を披露します！

先付は

「季節感の表現と、オリジナリティで勝負！」

——前川

「ワクワク感、掴み、
そして緊張感が必要」
——佐々木

【師匠:佐々木 浩さん作】天然蛤と車海老湯引き 乳酸発酵春キャベツ 酒煎り独活(ウド) 蛤の潮出汁煮凝(にこご)り掛け

―4月の先付・前編―

天然のハマグリを主役に、立体的に組み立て。潔さ際立つ、師匠の快作

師匠が考える、先付の極意とは

前川　弟子の誰がどの品書きを担当するかは、早いもん勝ちで決めました。諸先輩方より先にこの舞台に上がるのは緊張しますが、おやっさんの胸を借りるつもりで精一杯やるのでよろしくお願い致します！

佐々木　僕にとってもかなり刺激的な企画や。どんどんぶつかってきて欲しいね。

前川　さっそくお伺いしますが、おやっさんは先付という献立に必要なものは何だとお考えですか？

佐々木　僕が考える先付の極意とは――「ワクワク感」「掴み」そして「緊張感」やね。コースの最初にお出しする料理やから、まず、お客様に心を開いてもらわなあかん。そのためには期待感を高め、グッとハートを掴む仕掛けが大切やと思ってる。

前川　おやっさんらしいですね。

佐々木　せやけどそこで、高級食材を何種類も盛り込む、というのではセンスないわな。かといって、素朴な一品やと締まりがなくなり、ワクワク感も期待値も半減する。

前川　確かに、始めの一品なので店の印象も大きく左右しますよね。菜の花のお浸しが出てきたら春を感じますが、それだけだと面白みには欠けますし……。

佐々木　そういうことや。高級食材に頼らず、「この後、どんな料理が続くんだろう…」とお客様に少しの緊張感と期待感を持っていただきたい。その突破口こそが先付の役割やと思う。

前川　〝さゝ木イズム〟を改めて学ぶことができ、身が引き締まります！

佐々木　よっしゃ、それじゃあまずは僕の考える4月の先付を前川に食べてもらおか。素直な意見を聞かてくれ。「後編」では、僕が前川の先付を食べさせてもらう。

前川　はい！よろしくお願い致します！

発酵の酸味を加えて、口中をクリーンに

佐々木 お客様と同じようにお出しさせてもらうで。えー、天然のハマグリと車エビです。ウドと乳酸発酵させた春キャベツ、そこにハマグリのジュレと車エビの泡を盛りました。どうぞ、お好きなように食べてください。

前川 いただきます！……美味しいです、そして懐かしい。おやっさんの味って感じです。4月ですし、たぶん貝類を使わはるやろなと思ってました。僕の予想、当たりました（笑）！

佐々木 なかなか鋭いヨミやんか。春の貝類は、味が濃くて美味いから大好きやねん。

前川 この先付は、ハマグリのエキス感と旨みをダイレクトに感じます。そこに、車エビの泡でさりげなく香りを添えている。僕やったら、車エビの香ばしさや旨みをもっと強く出したいと思ってしまいそう…。その点、おやっさんの先付はクリアな味わいで、どこまでも優しいです。

佐々木 最初の一品やからね、口の中をクリーンにしてもらうのも大切なんや。せやからウチの先付には必ず酸味が入ってたやろ？

前川 その教えは僕の中に刻まれているんで、『料理屋まえかわ』でも踏襲しています。でも、酸味に乳酸発酵させた春キャベツを持ってくるとは…。おやっさんは想像の一つ上をいきますね。これは想定外でした。

佐々木 塩をして常温で10日間寝かせてるんや。キュッとくる程よい酸味がえぇやろ。

前川 すっきりとした味わいで胃が活性化します。その酸味と、ハマグリが放つクリアで清らかな味わい。両者の相性にただただ驚くばかりです！

佐々木 嬉しいこと言うてくれるねぇ。足して足して味を重ねるよりは、スパッと引くのが大事。主役は一つで良くって、どの部分を際立たせるかに注力すべき。

『祇園さゝ木』では、
先付に必ず酸味を加える。
今回は、春キャベツを
乳酸発酵させたものを
添えている。

前川 この先付の場合、主役は車エビやなくハマグリですね。

佐々木 そういうことや。車エビは脇役。身は湯引き（※1）にしてシンプルに持ち味と食感を楽しませる。オーブンで焼いた頭は昆布だしで軽く煮出し、そのエキスを泡にしてふわっと添えるだけ。

前川 一口目にハマグリの透き通った旨みを感じ、噛むほどに春キャベツの酸味が追いかけてきて、エビの泡の香りが時間差でやってくる…。春らしさを、立体的に存分に感じる先付です。まさに、次に続く料理に期待が膨らみます！ 勉強になりました。

佐々木 ほな、選手交代しよか。

前川 はい！ おやっさんが魚介で攻めてくると思ってましたから、別のアプローチを考えました。

佐々木 ほほぅ。それは楽しみやな！

※1 湯引き：さっと熱湯に通し、すぐに氷水に落とすこと。

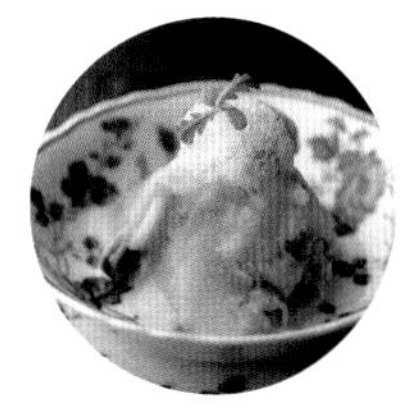

［師匠：佐々木 浩さん作］

天然蛤と車海老湯引き 乳酸発酵春キャベツ 酒煎り独活 蛤の潮出汁煮凝り掛け

<野菜を仕込む>

❶春キャベツを乳酸発酵させる。春キャベツ１玉をザク切りにし、重量に対して2%の塩をまぶし、よく揉み込む。密閉容器に入れて空気を完全に抜き、常温で10日間発酵させる。うち50gを使用する。

❷ウド50gは適度な大きさに乱切りする。鍋に酒を入れてアルコール分を飛ばし、塩・薄口醤油を加え、沸いたらウドを入れて軽く火を通し、鍋ごと氷水で冷やす。

<車エビとハマグリを仕込む>

❸車エビのだしをひく。車エビの頭を天板に並べ、220℃のオーブンで焼き、麺棒などでつぶす。鍋に入れ、昆布・酒・水を加え、味が決まるまで煮出す。漉して常温まで温度を下げ、1.2%量の大豆レシチン（乳化剤）を加えてハンドブレンダーで泡立てる。

❹車エビの身を湯引きする。

❺ハマグリ2個は生のまま開いて鍋に入れ、酒・昆布・水を加え、ハマグリの味が抜け過ぎないように注意しながら煮出し、氷水で鍋ごと冷やす。

❻⑤を漉して、塩・薄口醤油で調味し、ゼラチン（煮汁300㎖に対して4g）を溶かし、固める。

<仕上げ>

❼⑥をハンドブレンダーで攪拌し、滑らかな液状にする。

❽①・②・④・⑤を食べやすい大きさに切り、器に盛り付ける。⑦をかけ、③の泡をのせ、マイクロ春菊をあしらう。

— 4月の先付・後編 —

弟子は、春野菜満載で。ピュアな味わいを左右する火入れ法に師匠から助言

新ジャガを麺に、というオリジナリティが光る

前川 おやっさんが魚介でくると睨(にら)んでましたので（笑）、僕は野菜メインでいきます。先付は季節感を表現することが大事だと思いますので、春らしい野菜で、独特のほろ苦さも味わっていただけたらと。

佐々木 ほな、ちょっと調理を見せてもらおうか。

前川 まず、新ジャガを桂むきにし、素麺状に。熱湯に入れたら一瞬で透明になるので即、塩を溶かした氷水で締め、水気をしっかり切ります。ウチも『祇園さゝ木』と同じく食べ慣れたお客様が通ってくださっているので、先付にもここでしか味わえないというオリジナリティが必要だと思っています。

佐々木 せやから、新ジャガをまるでビーフンのような麺状にしたんやな。

前川 仰る通りです。同じ食材でも、切り方、組合せなどで意外性を出したいな、と。

佐々木 その発想は、オモロい！ってなるわ。

前川 ありがとうございます。次に、春野菜を炒めます。スナップエンドウ、コゴミ、ホワイトアスパラガスを食べやすい大きさに切り、太白ゴマ油を引いた中華鍋に入れ、しっかり焼き付けていきます。バットに移して粗熱が取れたら、麺状にした新ジャガを合わせ、新玉ネギのピュレで和えます。

佐々木 このピュレの構成は？

前川 新玉ネギを薄く色が付くまで炒め、少しの昆布だしと牛乳を加え、バーミックスで攪拌しました。もう一つの緑のソースは、春の代名詞・菜の花です。太白ゴマ油で炒め、昆布だしを合わせて攪拌して作りました。

佐々木 カラフルな見た目もええな。これは楽しみや。

前川 ありがとうございます！

春野菜のピュアな味わいを生かす調理法

佐々木 じゃ、ここからは僕がお客になるで。説明よろしく！

前川 はい！ サラダ仕立ての一品です。菜の花ソースの上に、新玉ネギのピュレで和えた新ジャガ麺と春野菜を盛り、風味付けに桜エビの粉末を散らしました。細かく刻んだブラッドオレンジで酸味を持たせ、キャビアを天盛りにしています。よく混ぜてお召し上がりください。

佐々木 春野菜で勝負、という潔さを感じるね。……新ジャガのシャキシャキとした食感、そしてブラッドオレンジの酸味もえぇ仕事してるわ。

前川 ありがとうございます！

佐々木 せやけど前川、なんで春野菜を油で炒めたんや？

前川 熱湯にくぐらせるより、焼いた方が春野菜の香りがしっかり出ますので……。

佐々木 美味いよ！ 美味い…んやけどね。この一品がコースの始まりに出てくると、お客様は「うわぁ春やなぁ」と、とても喜んでくれるはず、やねんけどな。

前川 ……。

【弟子：前川浩一さん作】新ジャガイモの素麺風 サラダ仕立て

佐々木　そこをもう一歩、突っ込んでプロとして言わせてもらうと。春野菜ってすごくピュアな味わいやんか。それを油で炒めると、春の香りより油の風味が勝ってしまってるな…と僕は思たんや。

前川　確かに…。油がマスキングしてるってことですよね。

佐々木　せや。例えば、網で焼いても良かったんちゃうかな？その方がより春野菜の甘みや苦み、香りなどピュアな部分が出てくるかもしれへんね。

前川　それ、いいですね。火入れ一つ変えるだけで、グンと美味しくなりそうです！

佐々木　そうやな。でもこの先付、バランスはめっちゃいいで。ブラッシュアップして、ぜひ店で出して欲しいわ。

前川　ありがとうございます。試作してみます！

佐々木　どうやった？第1回目の「セッション」をやってみて。

前川　とりあえず緊張しました（笑）。そして、おやっさんの先付をいただき、食材に何一つ無理をさせていないな…と思いました。素材の持ち味をダイレクトに感じる、クリアで清らかな味わいでしたから。そしてその部分が、僕に足りてなかったな、と。

佐々木　年季の入り方がちゃうからな（笑）。

前川　こうして独立しても、おやっさんから学べるのが「さゝ木一門会」の強みですね。ありがとうございました！

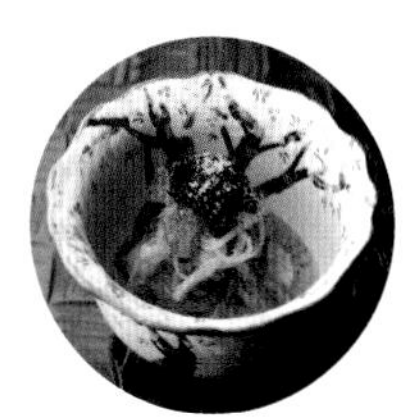

［弟子：前川浩一さん作］

新ジャガイモの素麺風 サラダ仕立て

❶新ジャガイモ大2個は皮をむいて桂むきにし、少し太めの素麺状に切る。熱湯に5〜10秒入れ、塩を溶かした氷水（塩分濃度1%）に落とした後、水気をしっかり切る。

❷スナップエンドウ4本、コゴミ4本、ホワイトアスパラガス2本は食べやすい大きさに切る。太白ゴマ油をひいた中華鍋で焼き目を付けながら炒め、塩で調味し、バットにあげて冷ます。

❸新玉ネギのピュレを作る。フライパンに太白ゴマ油をひき、カットした新玉ネギ大1個を薄く色付くまで炒める。昆布だしと牛乳を各50mℓ加えて軽く煮込み、冷やしたらバーミックスで撹拌し、塩で調味する。

❹菜の花のソースを作る。フライパンに太白ゴマ油をひき、ザク切りにした菜の花20本を炒める。しんなりしたら昆布だし100〜150mℓを加えて軽く煮て、冷やしたらバーミックスで撹拌し、塩で調味する。

❺①と②を合わせ、③で和える。

❻器に④の菜の花ソースを敷き、⑤を盛り付け、適宜切ったブラッドオレンジを添える。桜エビパウダー※を振りかけ、キャビアを天盛りにし、炒り卵をかける。

※桜エビパウダーの作り方

クッキングシートを敷いたバットに桜エビをまんべんなく広げ、130℃のオーブンで時折混ぜながらカリカリになるまで焼く。粗熱が取れたらミキサーにかけ、パウダーにする。

京都 | 西木屋町

料理屋まえかわ

麻婆豆腐に
かに玉!?
タブーなき
割烹の面白味

目前に七輪が出てきたと思えば、「甘鯛ラーメンのだしを、この焼いた頭でとります」。土鍋が湯気を上げると、とろっとろの玉子焼きを作って土鍋ご飯に被せ、あんをかけて「カニ玉です」。

その都度、カウンターで歓声が上がる。店主・前川浩一さんは溌溂と解説しながら、目の前で焼いて炙って、時に手巻き寿司も作って「ハイ、どうぞ」。実に堂々たる〝カウンターさばき〟だが、ご本人曰く「実は、結構シャイなんで。まだまだ大将みたいに巧くはできないです」。

『祇園さゝ木』には、25歳で入店。13年間研鑽を重ね、最後は料理長を務めた。「料理人として必要なことは、すべて大将から学びました」。その師匠・佐々木浩さんの背中を追って、2020年に独立。〝前川劇場〟は進化の一途を辿っている。

一斉スタートで始まる「おまかせ」は〝さゝ木イズム〟全開だ。燻製フォアグラをイチジクに射込んだり、麻婆豆腐を蒸し物に仕立てたり。日本料理の枠に囚われない、タブーなき感性を迸らせる。

ところが一変して、お椀は正道。「味はほとんど付けてません」という吸地は、昆布だしの野太い底味に思わず唸る。「ここを遊んだら和食ではなくなるので」。この潔さもまた、師匠譲りだ。

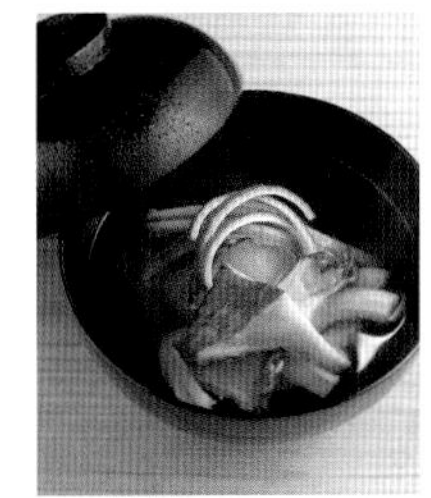

料理はすべて20000円のおまかせ(全12品)から。左／前菜の「イチジクの天ぷら 燻製フォアグラ射込み 胡麻味噌」。奥は「和風麻婆豆腐」。底に玉子豆腐、フカヒレあんをかけ、魚介と薬味を盛り、ジュッと熱した自家製ネギ油を。粉山椒と三ツ葉が香る和の風味。中／お椀は「松茸と小蕪 松葉柚子、スダチ添え」。昆布と血合い入りカツオ節でとる濃厚なだしの旨みが圧巻だ。右／最も盛り上がる締めは、カニミソソースでコクを深めた蟹玉ショウガご飯など、乙なセレクトで2種。

京都市下京区西木屋町通松原下ル難波町405
☎075･744･0808
18:30一斉スタート
日曜、第2･4月曜休、不定休あり
京阪本線清水五条駅から徒歩8分
予約必要／カードほぼすべて可／カウンター10席、個室1室(4～8名)
㊎おまかせ20000円。日本酒1合1000円～、Gワイン1000円～、シャンパンB7000円～。

前菜

『祇園さゝ木』
元・二番手
中川寛大

『祇園さゝ木』では、
前菜は必ず作りたてを盛り込み、
旬の香気を楽しませます。
挑戦する元・二番手の中川寛大さんは、
師匠が「探求心に溢れた男」と評する通り、
食材を多彩な調理法で魅せる一品を披露。
それを受け、師匠からは
目からウロコのアドバイスが飛び出しました。

前菜は——

「先付とお椀を美しく繋げる存在や」

——佐々木

「『この店は美味しい』と
確信していただきたい料理」
——中川

―5月の前菜・前編―

ホワイトアスパラガスは
贅沢なだしで煮て持ち味アップ。
起伏を生み出す、温度に工夫を

『祇園さゝ木』が八寸を提供しないワケ

佐々木 前菜は、ノリ（中川さんのニックネーム）と対決か。

中川 おやっさん、僕にとっては対決ではなく、学びの時間ですよ。

佐々木 どんな料理が登場するか、楽しみやな。まずは、その前に前菜の存在感について。会席料理を提供する店ではコースの前半に八寸を出すとこも多いけど、『祇園さゝ木』ではあまりお出ししない。八寸というのは、仕込んでおいた料理を盛合せでお出しするのが一般的で、これは料亭の仕事やと僕は思うねん。うちはカウンター主体の割烹やから、やっぱり作りたてを味わっていただきたい。そこで先付の後に、季節感を表現する一皿として前菜を出すワケやね。一門会メンバーも、自分たちの店でその流儀を守ってくれているのが嬉しいわ。そこで質問、ノリにとって前菜とはどんな存在や？

中川 「この店、絶対に美味しいな」と感じていただける安心感が大事だと思っています。だけど前菜には、決まった形がない。だからこそ、料理人の技量やセンスが問われます。

佐々木 その通りや。前菜をおろそかにすると、お椀へと美しく繋がらない。大切なポジションの料理やね。

中川 修業中、どれだけ勉強してきたかがきっぱり出る献立ですね。

食材を生かす「温度」がポイント

佐々木 ほなノリ、僕の料理からいくで。えーっ、本日の前菜は、香川産のホワイトアスパラガスを湯がいたものです。北海道・噴火湾（ふんか）で揚がったサクラマス（海鱒）

【師匠：佐々木 浩さん作】
桜〆の海鱒
香川県産ホワイトアスパラガス
スナップエンドウ
新玉ネギのピクルス
一寸豆 黄身香煎
白酢ソース掛け

は、桜の葉で巻いて香りを移しました。新玉ネギのピクルスとスナップエンドウ、空豆を合わせ、白酢のソースと炒り玉子で仕上げました。さぁ、湯がきたて、できたてをどうぞ。

中川 いただきます！……炒り玉子の黄色が鮮やかで、菜の花畑の情景が目に浮かぶようですね。ホワイトアスパラガスは香り高く、サクラマスは桜の風味が素晴らしいです。

佐々木 ホワイトアスパラガスは香川県産が日本一やと、僕は思ってる。皮を剥いたら、その皮と、もったいないけど身も何本分か加えて、昆布と一緒に30分ほど煮出す。このだしでホワイトアスパラガスを湯がくと、持ち味がぐっと深くなる。食感を残すようにシャキッと茹でても、しっかり旨みが移るんやね。皮を使ってだしをとることはあるけど、ホワイトアスパラガスならではの芳しさを出そうと思ったら、身も使わないと。

中川 この贅沢なだしこそ、『祇園さゝ木』らしさやと僕は思ってます。ジューシーさも湯がきたてならではですね！持ち味が強いから、サクラマスの旨みともバランスがすごくいいです。

佐々木 サクラマスは、三枚におろしてやや強めの塩を振り、冷蔵庫で丸1日寝かせる。さらに1日冷凍して寄生虫を退治してから解凍し、塩抜きした桜の葉を巻いて2日寝かせる。サクラマスは淡泊な味わいやから、そのままお出ししてもインパクトがないんやね。「桜餅の香りがする！」とお客様に驚いてもらえたら、前菜の役割としては成功や。

中川 おやっさんならではの仕掛けですね。ところで、ここに白酢のソースを用いられた理由は何ですか？

佐々木 5月は春の名残を楽しむ季節でもあるから、「春霞」のイメージでちょっと柔ら

かいニュアンスを添えたかった。そこで、白酢。絹豆腐に酢と砂糖、薄口醤油も少し入れて撹拌。ここにレモン汁を加えて爽やかさを出すのもポイントやね。なめらかで優しい豆腐の味わいが、旬の素材を繋ぐと考えたんや。

中川 確かに、ここに濃厚なソースを合わせてしまうと、ホワイトアスパラガスやサクラマスの繊細な風味が感じられなくなりますよね。

佐々木 そういうこと。あと、実はこの前菜のポイントは温度なんや。ホワイトアスパラガスは湯がきたて、サクラマスは常温に戻すことで桜の葉の香りを瞬時に感じられる。ここに新玉ネギのピクルスの酸味なんかが加わると、皿の中に起伏が生まれるやろ？

中川 なるほど、一皿の中に様々な「温度」があることで、素材感が際立つということですね！　おやっさん、気付きをありがとうございます！

［師匠：佐々木 浩さん作］

桜〆の海鱒 香川県産ホワイトアスパラガス スナップエンドウ 新玉ネギのピクルス 一寸豆 黄身香煎 白酢ソース掛け

<サクラマスを仕込む>

❶サクラマス（半身）は三枚におろして強めの塩を振り（塩分濃度2.5%）、冷蔵庫で1日寝かせた後、冷凍庫で1日置く。

❷①を解凍し、塩抜きをした桜の葉でしっかりと巻き、冷蔵庫で2日置く。

<ホワイトアスパラガスを茹でる>

❸ホワイトアスパラガスのだしをとる。鍋に水・昆布・ホワイトアスパラガスの皮とぶつ切りにした身を加えて30分茹でる。濾して茹で汁をとっておく。

❹ホワイトアスパラガス2本を熱湯で下茹でする。根元をカットし、皮を剥き、約5cmの斜め切りにする。沸騰させた③の茹で汁で3分間茹で、陸上げする。

<残りの春野菜を仕込む>

❺新玉ネギのピクルスを作る。新玉ネギを一枚ずつ剥がし、薄皮を剥き、適度なくし形に切り、ピクルス液に20分漬け込む。1/4個分を使用する。

❻スナップエンドウ2本は軽く湯がいた後、八方だし[※1]に漬ける。

❼空豆4個は皮を剥き、100℃のスチームコンベクションオーブンで2分蒸す。軽く塩を当て、急冷する。

<白酢ソースを作る>

❽絹豆腐は水切りし、ロボクープ（カッターミキサー）に米酢・砂糖・薄口醤油・レモン汁と共に入れ、滑らかになるまで撹拌する。

<仕上げ>

❾②のサクラマスは余分な水分を拭い、そぎ造り[※2]にする。

❿器に⑨のサクラマス、④のホワイトアスパラガス、食べやすい大きさに切った⑤の新玉ネギのピクルス、⑥・⑦を盛る。⑧の白酢ソースをかけ、炒り玉子を散らし、エンドウの蔓を添える。

※1　**八方だし**：調味しただしのことで、「四方八方に使える」ことから名付けられている。一般的にはだし・みりん・醤油を8：1：1で合わせるが、食材によって割合を変えたり、別の調味料を加えることもある。

※2　**そぎ造り**：庖丁を少し寝かせて、そぐように切ること。

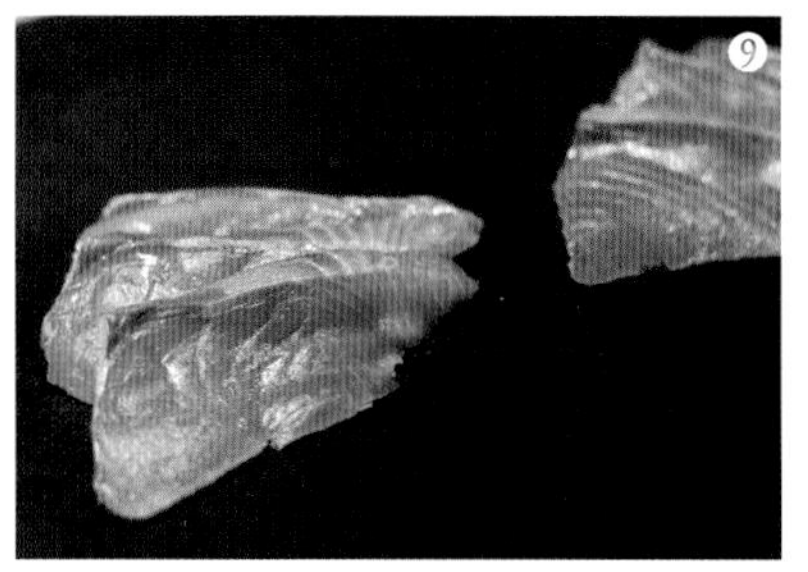

―5月の前菜・後編―

春の名残と初夏の走りの取合せ。繋ぎのソース、器選びの改善で五感を刺激する一品に

食材ごとに火入れを工夫し、「できたて」を一皿に

佐々木　ノリには昼の献立の骨格を考えてもろてたな。「これ洋食っぽくなり過ぎやろ」とか、原価面でのアドバイスもして、だいぶ上達した。今回は、その成果を見せてもらうで。

中川　めっちゃ緊張しますけど、頑張ります！

佐々木　おっ、グリーンアスパラガスは揚げたてを使うんやな。

中川　はい。できたてをお出しするのが、『祇園さゝ木』の前菜ですから。アスパラガスはフリットに、空豆は蒸したて、フルーツトマトは焼いて甘みを引き出してます。タラノ芽はさっと炊いて、ホタルイカは桜チップで冷燻にしました。

佐々木　春と初夏の食材をバランスよく使っている。この車エビは真空調理やな。

中川　はい、車エビの身はエビ油に浸して60℃で20分、真空調理しました。一口サイズに切ったら、仕上げにアンデスの岩塩を少し振ります。さらに、ウニのソースで初夏の風味を楽しんでいただこうと思っています。黄身酢を作る要領で、卵黄と蒸しウニ、昆布だし、薄口醤油を湯煎にかけて撹拌し、とろみが付いたら漉して氷水を当てて冷ましました。

季節感を表現する、器選びにアドバイス

佐々木　よっしゃ、仕上げやな。この器に盛り付けるんか。

中川　ちょっと手が震えますよ……（盛り込みに、少し時間を要して料理が完成）。おやっさん、お待たせいたしました。前菜では〝季節の先取り〟も楽しんでいただきたい。そこで、春の名残の山菜と、初夏の走りの山海の幸を、ウニのソースで

車エビを火入れする際、身が硬くならないよう、殻と脚は残しておく。

佐々木 繋げました。

（しばし無言で食べる）…味のバランスは良いね。素材ごとに加熱方法を変えていて、それぞれの持ち味が生かされている。気になったのはソース。ウニのソースって言ってたけれど、黄身のコクが勝ち過ぎていて、ウニの香りをほとんど感じない。

中川 もっとウニらしさを主張させるべきってことですね。

佐々木 その通りや。もう一つ、肝心なことがある。ノリは盛り付けに時間をかけていたけれど、「迷い」がありすぎるんや。迷っている時はたいがい器が合っていない。僕が同じ料理を盛り付けるなら、この黒の器は選ばへんな。

中川 ……確かに。幅の狭いモダンな黒の器に食材を重ねようとすると、ぎこちない盛り付けになりました。

佐々木 前菜というのは、季節の素材をセンスよく取り合わせることが大切。器もひっくるめて表現しないと。ノリの前菜は「服が重たい」ねん。分厚いコートを着ながら春夏モードを演出しています、と言ってるのと一緒。なんで薄手のコートを選ばへんねん。いっぺん嘘やと思って、明るい色合いの、ゆったりとした器に盛ってみ。手がすんなり動くと思うで。

中川 木を見て森を見ずでした。季節感あるできたての料理を盛り込むという流儀ばかり気にしていて……。お客様に出す時のイメージができていなかったと思います。早速、器を変えて盛り付けてみます！

【弟子:中川寛大さん作】春の名残と初夏の走り ウニのソース
上が始めに中川さんが盛った料理、下が、佐々木さんの助言後に盛り変えたもの。
「キャンバスが広いので、全体のイメージが掴みやすく、断然盛りやすかったです!」と、中川さん。

［弟子：中川寛大さん作］

春の名残と初夏の走り ウニのソース

<車エビとホタルイカを仕込む>

❶エビ油を作る。2尾の車エビの頭を剥き、頭を250℃のオーブンで15分焼く。フライパンに入れ、ひたひたになる分量の太白ゴマ油を加えて中火にかけ、エビの香りがしっかり油に移ったらリードペーパーで濾す。

❷①の車エビの身の水分をキッチンペーパーで軽く拭い、①のエビ油に浸して60℃で20分、真空調理する。

❸ボイルしたホタルイカ2杯は目と軟骨、クチバシを取り除く。桜のチップを用いて冷燻にする。

<ウニのソースを作る>

❹50gのウニは真空にかけ、100℃のコンベクションオーブンで2分加熱する。そのまま氷水に浸け、粗熱が取れたら裏漉しする。

❺ボウルに④と卵黄50g、昆布だし200㎖、適量の薄口醤油を加える。湯煎にかけて泡立て器で、もったりするまで混ぜる。その後、氷水を張ったボウルに当てて冷やす。

<野菜を仕込む>

❻グリーンアスパラガスは皮を剥き、刷毛で薄力粉を薄く塗り、薄力粉75gとビール120㎖を合わせた衣を付け、175℃の太白ゴマ油で揚げる。油を切り、縦半分に切る。

❼空豆は皮を剥き、100℃のスチームコンベクションオーブンで2分蒸し、軽く塩を振り、急冷する。

❽フルーツトマトは半分にカットし、熱したフライパンに入れ、少量の塩を振り、表面に少し焦げ目が付く程度、焼く。

❾水と適量の塩・みりん・薄口醤油を合わせて火にかけ、タラノ芽を軽く茹で、陸上げする。食べやすい大きさに切る。

<仕上げ>

❿②の車エビを袋から取り出し、余分な水気を拭う。殻と足を剥き、一口サイズに切り、軽く岩塩を振る。

⓫器に⑩の車エビ、③のホタルイカ、⑥のアスパラガスのフリット、⑦・⑧・⑨を盛り、⑤のウニのソースをかける。

❻❼❽❾

椀物 × 『祇園 きだ』店主 木田康夫

椀物（煮物椀）がテーマの今回は、
満を持して〝一門会の長男〟木田康夫さんが登場。
「コースの献立を決める時は、まず椀物から」という
〝さゝ木イズム〟を踏襲しつつも、
果敢に攻めたオリジナリティ光る一品を披露します。
対する師匠は、椀物に必須である
〝ある要素〟を弟子に諭（さと）します。
神髄を見直す、意義深い回となりました。

椀物は——

「コースの主役であり、
まさに店の顔」
——木田

「心が洗われるような、
澄んだだしが大切」
――佐々木

―5月下旬の椀物・前編―

洋の手法も取り入れた
弟子の革新的椀物。
存在感ある味わいを放つ

コンソメをヒントにした、甘鯛のだし

佐々木 一門会の皆で、どの献立を誰が担当するか話し合った時、康夫はすぐさま「椀物」と答えたな。

木田 僕が献立を決める時は、まず椀物を考えます。コースの主役であり、店の顔ですから。おやっさんもそうでしょう?

佐々木 その通りや。まず椀物、続いてバシッと金かけなあかん焼き物という骨子を固める。ほな、まずは康夫に、今回の椀物を作った意図を教えてもらおうか。

木田 はい。「さゝ木一門会」の流れを汲む料理人は必ず、椀物とコースの終盤でお出しする鉢物で、だしの旨みを生かした料理を提供します。

佐々木 お客様には、驚きや楽しさを感じていただきつつも「あぁ、しみじみ美味いなぁ」と味わっていただく場面がとても大切やからな。

木田 僕が思うに、椀物と鉢物、両方にカツオと昆布からとっただしを使うと、味わいに起伏が生まれないなと。しかも『祇園さゝ木』と同様、ウチの店にも毎月、お越しになるお客様がいらっしゃいます。ご常連を飽きさせない工夫、そして僕自身の挑戦を、と考えまして……。

佐々木 なんや、昆布とカツオ以外の素材でだしを引くんか?

木田 はい、甘鯛を使います。真鯛も考えたんですが、ありきたりですから。でも甘鯛は、魚臭さが強い。クリアな風味をどう引き出すか、試行錯誤しました。

佐々木 甘鯛は味が濃くてホンマに美味いと思う。僕の中では魚のトップクラスや。でも康夫が言う通り、臭みが強いからだしにするには相当な工夫が要るやろう。

木田 その通りです。まずは、どうやって臭みを取るべきかを考えました。アラを焼けば、焼きの香りがジャマになる。そこでヒントにしたのが洋食のコンソメの

とり方です。

佐々木 オモロい発想やな。詳しく聞かせてもらおうか。

木田 梨割り（※1）にした甘鯛の頭、そして中骨に振り塩をして丸2日寝かせます。その後、霜降り（※2）にしてぬめりを取ります。鍋に、大きめに切ったニンジン、半割りの玉ネギ、セロリは葉付きで、ニラは1束。さらにモヤシ、ざく切りの白菜、真昆布を入れ、その上に甘鯛をのせます。

佐々木 香味野菜をたっぷり用いて甘鯛の臭みを抜くわけか。甘鯛はあえて上に？

木田 はい、だしに魚臭さが付かないよう、甘鯛は〝野菜のベッドの上に〟が必須です。そして水と煮切り酒（※3）を8：2の割合で加え、ひたひたの状態にして中火にかけます。ひと煮立ちしたら、アクを丁寧に取り除く。その後は80〜90℃でコトコトと4時間ほど炊いて、その鍋ごと1日置きます。翌日、再び火にかけて、一度煮立たせてからネル地で濾します。

佐々木 相当、手が込んでるな。

木田 お客様に出す前の仕事をどれだけするか、ということを、おやっさんに叩き込まれたんで。その甘鯛のだしに、ザク切りにした玉ネギを加えて炊いていきます。玉ネギは甘鯛の風味を際立たせるんで。粗熱が取れたらミキサーで撹拌して、すり流し（※4）に。仕上げにスダチの搾り汁を加えて、味を締めました。

日本料理のメインディッシュとして必要なもの

佐々木 よっしゃ。ここからは客にならせてもらう。康夫、料理の説明から頼むで。

木田 はい！ お椀でございます。甘鯛のだしを使って、玉ネギのすり流しにしました。椀種は、ナスの揚げ煮を土台とし、葛を打って酒蒸しにした徳島産の赤甘鯛。

※1
梨割り：真っ二つに切り割ること。魚の頭の場合、口に庖丁を入れ、縦に割る。

※2
霜降り：食材の表面の色がさっと変わる程度に熱湯に通す、または熱湯をかけること。

※3
煮切り酒：酒を煮立てて、アルコール分を飛ばしたもの。

※4
すり流し：食材をすりおろしたり、裏漉しして、だしと合わせたもの。

佐々木 アスパラソバージュを添え、仕上げに振り柚子をしています。どうぞお召し上がりください。

木田 ……あれ、お前んとこ、お椀に蓋を付けへんのか？

佐々木 はい、カウンターで直接お出しするので、あえて蓋はしません。

木田 なるほど……（無言で食べ続ける）。甘鯛からとっただしは、あの独特な魚臭さを感じない。甘鯛の身とのバランスも良い。しかも、ナスの揚げ煮はめちゃくちゃ美味いなぁ。

佐々木 青ナスです。今の時季（5月下旬）が一番やと思います。素揚げにして、昆布とカツオのだしに浸けています。

木田 吸地（※5）は、塩であたりを付けてないんか？

佐々木 はい、甘鯛のだしの旨みと玉ネギの甘みだけです。

木田 ちょっと塩もらえるかな。（塩を少々かけて）…うん、塩でより深みが出るように思うけど。総じて美味しいよ、美味しい。ただ、僕なりの意見を言わせてもらうと。康夫、椀物って何が一番大事やと思う？ 心が洗われるような澄み切った味わい。僕はこれが最も重要じゃないかなと思うんや。

佐々木 吸地を口に含んだ時に感じるスッキリとしたキレ、ということですね。

木田 そうや。暑さで身体がバテるこれからの時季は、特にそれが必要になる。となると、昆布とカツオの一番だし、その透き通った味わいがやっぱり大事やと僕は思うねん。そして、椀種を食べて「しみじみ、味わい深いなぁ」、椀種の旨みが滲み出ただしを飲んで「はぁ～なんて美味いんだろう」と、お客様に感じていただく。お椀というのは、そういうほっこり感も表現しないとアカンのと違うかな。

佐々木 あぁ……。おやっさんの仰る通りですわ。

木田 ケチをつけてるんやないで。今回、康夫は〝革新〟という想いも込めて、この

※5 **吸地**：だしを塩・醤油・味噌などで椀物用に調味したもの。

料理を作ったと僕は感じている。

木田 ありがとうございます。

佐々木 気心知れた康夫やから、もう一つ言わせてもらうと。やはり椀には、蓋が必要やろ。蓋を取った時のだしの香りはもちろん、お客様に「うわぁ〜もうこんな季節かぁ」と、お椀の中の景色を楽しんでもらうことも大事。蓋を開けるというひと手間で、その景色がより鮮やかに目に飛び込んでくると思わんか？ 椀物は、日本料理におけるメインディッシュなんやから。ここのインパクトは大事やで。

木田 大切なものは守りながら、挑戦していかないといけませんね。おやっさん、椀物の奥義を再認識させていただきました。ありがとうございました。

佐々木 いいチャレンジやったと思うよ。ほんまに美味かった。存在感ある味わいやから、鉢物として出した方が絶対にええよ。

【弟子：木田康夫さん作】甘鯛の玉ネギすり流し仕立て

［弟子：木田康夫さん作］

甘鯛の玉ネギすり流し仕立て（5名分）

<甘鯛のだしをひく>

❶甘鯛を三枚におろす。梨割りにした頭、中骨と身に振り塩をして冷蔵庫で2日寝かせる。その後、頭と中骨は、霜降りにしてぬめりを取る。

❷鍋に、大きめにカットしたニンジン1本、半割りにした玉ネギ2個分、葉付きセロリ1束、ニラ1束、モヤシ1袋、ざく切りにした白菜1/10玉、真昆布10gを入れ、その上に①の頭と中骨をのせる。水と煮切り酒を8:2の割合で加え、ひたひたの状態にして中火で煮込む。ひと煮立ちしたらアクを取る。その後、80～90℃の温度帯をキープして4時間炊き、冷蔵庫で一晩置く。

<玉ネギのすり流しを作る>

❸②を再び火にかけ、煮立たせた後にネル地で濾す。ざく切りにした玉ネギ1個を加え、中火で30分火にかける。

❹粗熱が取れたらミキサーで撹拌。仕上げにスダチの搾り汁を加える。

<椀種と椀づまを作る>

❺ナスの揚げ煮を作る。ナス2本はくし切りにし、180℃に熱したサラダ油で3分素揚げする。油を切り、カツオ昆布だしに浸ける。

❻①の甘鯛の身を2㎝幅に切る。刷毛で葛粉を薄くまんべんなく付け、バットに皮目を上にして置き、酒を振って蒸し器に入れ、中火で3分蒸す。

❼アスパラソバージュ10本は湯がき、カツオ昆布だしに浸ける。2本合わせて結んでおく。

<仕上げ>

❽椀に⑤を入れ、⑥を盛り、⑦を添える。④の玉ネギのすり流しを熱して注ぎ、振り柚子をする。

❹

【師匠：佐々木 浩さん作】徳島産の鱧の葛打ちと夏野菜の沢煮椀

―5月下旬の椀物・後編―

師匠は繊細な身質を生かした鱧椀を。初夏に向くシャープな味わい、バランス感を大切に

鱧を使うのは、6月上旬まで

木田　次はおやっさんの番です。『祇園さゝ木』におけるこれからの季節の椀物というたら〝鱧〟しかないでしょう。

佐々木　さすがやな。実は、鱧を使うなら今しかないと思っている。

木田　でも、ちょっと早くないですか？温暖化で旬の時季が早まっているということですか？

佐々木　違うんや。6月に入ると鱧は卵を持つやろ。すると、子を守るために骨を強化させる。それまでの時季と同じように骨切りをして湯引き（P30）や椀種に仕立てたら、骨がやや舌に残る感じがして、僕は気になるんや。

木田　確かに、そうですね…。

佐々木　「祇園祭は鱧祭り」と言われるくらい、これから鱧料理は最盛期を迎えるとされているけどな。正直なところ、鱧の旨みと共に繊細な身質を生かすなら6月上旬までがベスト。次は、松茸が旬を迎える落ち鱧までお預けや。

木田　なるほど。今の時季だけの鱧椀なんですね。おやっさんにとっての椀物の極意、改めて学ばせていただきます。

佐々木　よっしゃ、まずは鱧だしからいくで。頭と骨は、塩をして一晩寝かせる。余計な水分を拭い、表面を焼いてから、利尻昆布と共に弱火で煮出していく。

木田　アラは焼くことで、鱧の香ばしい風味を際立たせるんですね。

佐々木　その通りや。この鱧だしに、より一層深みを与えてくれるのが、一番だしの存在。

木田　こちらは削りガツオを一度に加えたら、すぐに火を止めて濾すんですね。

佐々木　カツオの風味を一瞬でだしに閉じ込めるイメージやね。沸かしたら大味になるから。ほな仕上げるで。骨切りした鱧は、葛をはたいて蒸している。レンコン、

インゲン豆、ミョウガ、新ゴボウは細切りにして、三ツ葉とさっきの合わせだしでさっと煮る。吸口（※6）には梅肉、そして振り柚子をしたら完成や。

だしのW使いで、鱧椀に底味を

木田 では、お客にならせてもらいます。

佐々木 お待たせいたしました。徳島産の鱧の葛打ちと夏野菜の沢煮（※7）です。熱々をどうぞ。

木田 いただきます。（じっくり味わいながら）懐かしいなぁ……、これぞおやっさんの味です。リッチな味わいの中にしっかりと底味を感じる一番だし、そして鱧だしのふくよかな旨みも生きています。

佐々木 そう言うてもらえて嬉しいわ。

木田 せやけど昔は、もう少しカツオの味が濃かったような……。

佐々木 鱧のだしを合わせたからな。一番だしのカツオを利かせ過ぎると、その香りが鱧の風味とバッティングしてしまう。せやからあえて、カツオの風味を控え目に調整したんや。

木田 カツオ節を鍋から一瞬で引き上げた理由ですね。合点がいきました。

佐々木 そのへんの塩梅が、料理人の腕の見せどころやね。

木田 そして鱧は、この時季ならではのさっぱりとした旨みを感じ、野菜からは夏の香りが漂います。日ごと暑さとじめじめ感が増すこの季節に、爽やかな後味がたまりません。

佐々木 シャープな味わいのだし、夏野菜の香り、鱧の脂の旨み……。それらを口に含んだ時、バランスよくハーモナイズしていたら心地ええやろ。初夏のお椀とし

※6
吸口：木ノ芽や柚子など、吸物に香りを添えるもの。

※7
沢煮：たくさん（沢山）の素材を取り合わせた、薄味で汁気の多い煮物。野菜は細切りにして用いることが多い。

ては完璧やと思う。

木田　季節らしさが大前提にあり、食べ進むにつれて心がホッと和んでいく。この味わいの表現こそ、椀物の神髄だと再認識しました。

佐々木　そのブレない軸の中で、いかにオリジナリティを出すかやな。

木田　常にそのことは心がけています。お客様にハッと喜んでいただけるような、僕らしさを忍ばせて……。これからも果敢に挑戦していきたいです。

佐々木　〝一門会の長男〟として、期待してるで。

木田　はい！これからもよろしくお願い致します！

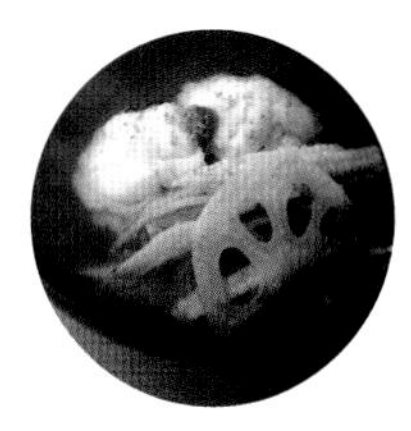

［師匠：佐々木 浩さん作］

徳島産の鱧の葛打ちと夏野菜の沢煮椀（2名分）

＜だしをひく＞

❶鱧は水洗いをして捌く。頭と骨は、塩をして冷蔵庫で一晩置く。余分な水分を取り、表面を焼き、水・利尻昆布と共に弱火で1時間煮出す。

❷利尻昆布は前日から水に浸す（水1ℓに対して利尻昆布30gを使用）。翌朝、約60℃で2時間加熱する。その後、昆布を取り出して90℃まで温度を上げ、火を止めてアクを取り除き、削りガツオの本枯節（雄節と亀節を7:3の割合）30gを一度に加え、3分間置いてアクを取り除いてから、ネル地で濾す。

＜夏野菜の沢煮を作る＞

❸レンコンは皮を剥き、1㎜厚の半月切りにする。

❹新ゴボウは皮をよく洗って細切りにし、水に浸しておく。

❺インゲン豆とミョウガは細切りにする。ヤングコーンは縦半分に切る。

❻①と②を4:6で合わせて温める。沸騰したら塩と薄口醤油で味を調える。

❼⑥に③・④・⑤と三ツ葉適量を加え、軽く火を通す。

＜鱧の葛打ちを作る＞

❽鱧は骨切りをした後、約6㎝幅に切り分ける。

❾⑧に刷毛で葛粉を薄くまんべんなく付け、蒸し器で3分蒸す。

＜仕上げ＞

❿⑦の吸地を少量かけた⑨の鱧を椀に盛り、⑦の夏野菜を添える。⑦の吸地を張り、吸口に梅肉をのせ、振り柚子をする。

①

②

京都｜祇園

祇園 きだ

躍動感と
繊細で華のある
新味に出合う、
祇園のもてなし

大粒のウニ、むっちり肥えたフグの白子、脂ののったブリ。まな板上に飛び切りのネタが詰まった木箱を並べ、店主の木田康夫さんが声を張る。「今日はコレ全部いきますよ！」。歓声が上がり、カウンターに活気が漲る。祇園らしい華のある板前割烹だ。

『祇園さゝ木』の佐々木浩さんの右腕として知られた木田さんが、店を構えたのは2016年6月。「この街に似合う、食べ慣れたお客さんに新味を感じてもらえる割烹を」と客席はカウンターのみ、料理はおまかせで。その組み立てが実に細やかだ。ワイン党なら肉を焼き、マグロ好きには締めに寿司を握る。「ここはおもてなしの街やから。一度でも来てくれはったお客さんの好みは覚えます」。

ある冬のおまかせは、先付に極シンプルな篠大根煮。蕗味噌が食欲を突く。そこへ、七輪登場。ぷく～っとふくらむ銀杏唐墨餅にひとしきり盛り上がり、続く向付はフグぶつ。白子も鉄皮も混ぜて豪快にいく。海藻とろりの後、リンゴの甘酸、ほんのり辛み。聞けばアン肝のタレに豆板醤を潜ませているとか。多彩な食感、重層的な味わいに木田さんのクリエイティビティが光る。焼肴でクエの弾力に驚き、牛の炙りの椀に瞠目、松葉ガニの鍋で狂喜して、3時間弱が瞬く間に過ぎる。

料理はすべて30000円（全10品前後）のおまかせから。左／フグぶつ。カツオ節、焼き昆布と干し椎茸のだしが利いた自家製ポン酢が美味い。中／焼肴。塩をして3週間寝かせた28kgのクエ炭火焼き。この後、餅粉を合わせてフライパンで炒ったおろしカブラを敷いてクエをのせ、日野菜の桜漬け、グレープフルーツ、針ワサビを添える。右／「おやっさんの得意技」という牛肉の椀。炙った牛肉の脂のコクがだしに重なり、ふくよかさを増す。炊いてから揚げた海老芋、クレソン、うるいを添え、振り柚子、溶き辛子を天に。

京都市東山区祇園町南側570-192
☎075・551・3923
18:00～20:30入店／不定休
京阪本線祇園四条駅から徒歩5分／予約必要／カードほぼすべて可
カウンター9席、個室1室（カウンター4～6名）
㊎おまかせ30000円～。
日本酒G1000円～。シャンパンG2000円～。※サービス料10%別。

4 向付×『鮨 楽味』料理長 野村一也

会席料理の品書きにおいては、
旬魚を使った造りを供することが多い向付。
挑戦するのは、『祇園さゝ木』直営の鮨屋
『鮨 楽味』の野村一也さんです。
前編は夏の魚の代表格・スズキをテーマに、
後編では「自由課題」として
師匠と弟子が一品ずつ出し合います。
直球あり、変化球ありの提案に注目です！

向付は——

「鮨屋において
最も季節を
感じさせたい料理」
——野村

「添える調味料まで
作り手が味や量を
決めたいところ」
——佐々木

―7月の向付・前編―

師匠が「塩を呼ぶ魚」と称する
夏の旬魚・スズキがテーマ。
旨みを"足す"か"引き出す"か

鮨職人の弟子は洗いのヅケを、ジュレがけで

佐々木 鮨屋と料理屋では生魚の位置付けが異なると思うんや。だから、前編はスズキという共通の食材で向付を、と考えた。鮨職人として、野村がどう料理するか？発想の違いを知るのもユニークやなと。

野村 スズキは夏の魚の代表格です。『鮨 楽味』では、造りの場合、締まりのいい身にレモンを搾って塩で。にぎりにするなら、3日ほど寝かせて旨みを引き出し、塩とスダチでお出ししますね。

佐々木 野村は「塩で」と言うたな。僕がスズキを選んだ理由はそこや。淡泊な中にも独特な風味があるスズキは、〝塩を呼ぶ魚〟なんや。煮付けなど醤油の調味は合わへん。で、その塩梅をどうするか？野村の考えを知りたいと思ったんや。

野村 では僕から始めさせていただきます。鮨屋では、造り、アテ、にぎり…と、生魚が続きます。ですから、お客様を飽きさせないよう、さらには僕らしさを損なわないよう工夫しました。まず、そぎ造り（P50）にしたスズキは酒を少々加えた氷水で洗い（※1）に。水気を切ったら、1分ほど軽いヅケにします。

佐々木 ほほぅ。マグロのヅケの感覚やな。鮨屋らしい仕事を噛ませてくるな。

野村 洗いにすると歯ざわりは良くなるのですが、本来、スズキは淡泊な味わいの魚。ですから、ヅケにして旨みを足しました。さらに、7月は汗ばむ季節なので、さっぱり食べていただけるよう、爽やかな味わいのジュレをかけます。

佐々木 何のジュレや？

野村 まず卵白を七分立てにします。そこに、スズキの骨からとっただし、薄口醤油、梅肉とスダチを加えたものです。

佐々木 スズキで繋ぐジュレか。

※1
洗い：冷水などで魚介の造り身を洗うこと。余分な脂を取り、ひんやりとした口当たり、適度に締まった食感、さっぱりとした食味を楽しませる、夏向けの手法。

【弟子：野村一也さん作】スズキの和風カルパッチョ

スズキは洗いにした後、
カツオ昆布だし・みりん・
薄口醤油を合わせた
漬け汁に１分ほど漬けた。

野村 そうです。実は、日々お造りをお出しする中で、必ずしもつけ醤油じゃなくてもいいんじゃないか、と思うようになって。僕がお造りと相性がいいと思うタレやジュレを、適量かけてお勧めするのもアリかな、と。

佐々木 それは僕も大いに共感するね。例えば、造りにべったりと醤油を付けたら、素材本来の味が台無しになることもある。特に、外国人のお客様はその加減が分からないことも多い。作り手、つまりプロが決めた味を楽しんでいただくというのも、店で食べる醍醐味やな。

野村 そうなんです。ですから、ジュレは添えるのではなく、かけます。スズキ、そして、塩とオリーブ油で和えた水ナスとトマトを盛り、その上にジュレを。おやっさん、お待たせいたしました。「スズキの和風カルパッチョ」です。

佐々木 なるほど。オリーブ油やジュレをかけるから、カルパッチョか。……美味いね、これはすごくいいと思うよ。スズキは食感がいいし、軽いヅケの風味も利いている。ジュレに加えた梅肉とスダチ、それらのまぁるい塩梅が、淡泊なスズキの優しい旨みを持ち上げている。さっぱりとした後味も見事やわ。

野村 ありがとうございます！

佐々木 野村は今回、スズキを洗いにしたな。夏に白身魚などを美味しく食べていただく手法やけど、なぜこの技法が生まれたか知ってるか？

野村 生臭みを抜き、食感を際立たせるためですよね。

佐々木 それもある。でも理由は他にもあるんや。僕が料理を始めた40数年前。当時は、水質汚染など公害も多くあり、スズキなど近海の魚は石油臭いこともあった。せやから臭みを消すために、洗いにしたんや。そういった背景を知っておくのも料理人の務めやと思うで。

野村 それは知らなかったです。勉強になりました！

季節感がダイレクトに響く、師匠の焼き霜造り

佐々木 よっしゃ、次は僕の番やな。今日のスズキは脂がのっててえぇ感じやろ。コレ、抜群に美味いと思う。まずは三枚におろし、皮目に7㎜幅の格子状の切り込みを入れ、塩を振って焼き霜造り（※2）にする。でも、ここで僕は氷水に落とさない。旨みを逃したくないからね。後はミョウガを添え、スダチを搾り、口溶けの上品な淡雪塩をハラリとかけたら完成や！

野村 早い！では、お客にならせてもらいます。

佐々木 えー、本日の向付は、スズキの焼き霜造りです。どうぞ、お召し上がりください。

野村 スズキの皮目は香ばしく、身の脂の旨みが引き出されていて大変美味しいです。塩とスダチという調味はシンプルですが、やっぱり箸を進ませますね。

佐々木 スズキは、淡泊ながらも透明感ある甘みと上品な風味がある。だから、余計な調味は必要ないなと。潔いくらいシンプルな調理でえぇと思うね。

野村 「これを食べて欲しいねん！」という、おやっさんらしい攻め方やと思いました。

佐々木 お客様に普段、食べられない上等な旬魚をいかに楽しんでいただくか。そこが、ウチのコースにおける向付の存在感やと思っている。スーパーへ行ったらスズキもマグロも売ってる。けれど、料理屋のそれはレベルが全く違うからな。

野村 その味わいのインパクトと、季節感をどう表現するか、ですね。

佐々木 その通りや。でも料理屋と鮨屋では生魚の出し方は違うから、両方の世界を知っている野村だからこそその強みを表現してもらいたいと思う。そういった点で今回、野村が提案したヅケの発想はもちろん、「作り手が味を決める」という提案は、非常に良かった。実は僕も同じことを考えていて、後編で語ろうと思ってたんや……。

野村 なんか、嬉しいです。おやっさんの考えも知りたいので、よろしくお願いします！

※2
焼き霜造り：魚の皮の表面に焼き目を付け、冷水にとる造りの手法。余分な脂肪や臭みを取り除き、魚の風味を引き立てる。

【師匠：佐々木 浩さん作】スズキの焼き霜造り

［弟子：野村一也さん作］

スズキの和風カルパッチョ

<ジュレを作る>

❶スズキのだしをとる。スズキの骨を少し焼き目が付く程度炙る。鍋に水・昆布・ネギ・ショウガと共に入れて中火にかける。アクを取り、弱火で1時間ほど煮出して濾す。

❷卵白を七分立てにし、薄口醤油・ゼラチンを溶かした①のスズキのだし、裏漉しした梅肉、スダチ汁を加え、軽く泡立てる。

<仕上げ>

❸スズキの身は三枚におろし、皮を引き、約3㎜厚さのそぎ造りにする。酒を加えた氷水の中に入れ、手で素早くかき混ぜるようにして洗う。ザルに上げ、水気を切る。

❹カツオ昆布だしにみりん、薄口醤油を合わせた漬け汁に③を入れ、1分ほど漬ける。

❺適宜切った水ナスとトマトに軽く塩を振り、EVオリーブ油で和える。

❻器に④と⑤を盛り、②をかける。適宜切った芽ネギと花穂ジソを添える。

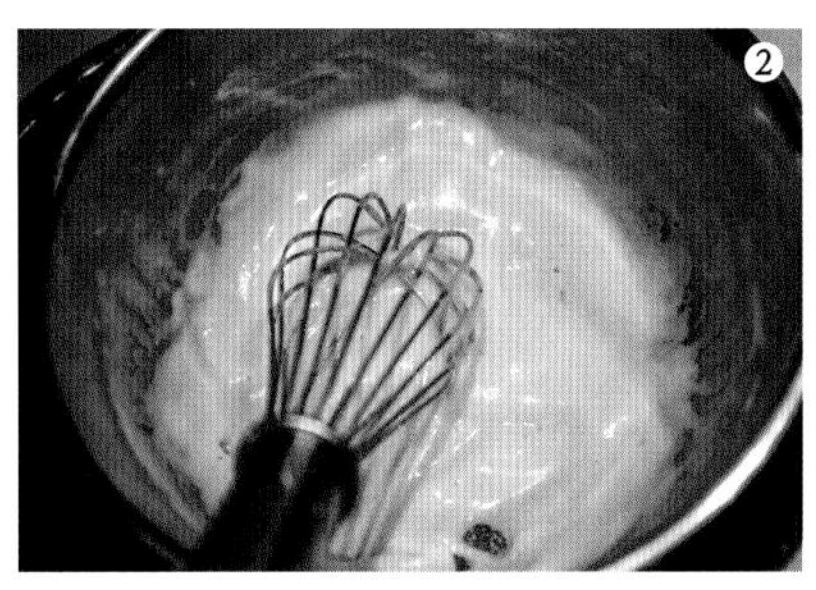

②

④

［師匠：佐々木 浩さん作］

スズキの焼き霜造り

❶スズキは三枚におろす。皮目に7㎜幅の格子状の切り込みを入れ、塩を振る。

❷①の皮目を強火の炭火で炙る。

❸平造り※3にし、器に盛る。輪切りにしたミョウガを添え、スダチを搾る。淡雪塩をかける。

※3　**平造り**：代表的な造りの一つ。マグロやブリなどの大きな魚の身を、やや厚めに真っ直ぐ切る。

―7月の向付・後編―

自由課題は、両者とも“夏らしい香り”を利かせて。攻めたアプローチが冴える

弟子は穴子の笹焼きを軸にした二部作で

佐々木 後編は、自由課題にした。先行は野村にお願いしようか。

野村 はい、よろしくお願いします。鮨屋で扱う素材のほとんどは生魚です。その中でも、お客さんに最も旬を感じていただけるのが向付だと僕は考えています。そこで今回は、夏の旬魚から穴子を選びました。一つは笹焼きです。そして別皿で、笹の香りを纏わせた煮穴子のにぎりを1カンお出しします。

佐々木 ほほぅ、穴子と笹をテーマに、異なるアプローチで楽しませるワケやな。

野村 はい、まずは穴子の笹焼きから。今日は約800gの伝助穴子を使います。捌いた後に軽く塩を振り、熾った紀州備長炭を皮目だけに当てます。皮は香ばしく、身は半生に。これを笹で覆います。皮目を下にして、弱火でゆっくりと、笹の香りを付ける感覚で、七輪の上で蒸し焼きにします。

佐々木 お客様の目の前で笹焼きにしたら、夏らしいええ香りが漂う。そこに季節を感じて欲しいと考えたんやな。

野村 その通りです。穴子がほんのり温かくなったなら一口サイズに切り、器に盛ります。実山椒を醤油や砂糖と共に煮た、山椒煮を天盛りに。そして万願寺唐辛子と、甘酢漬けにしたミョウガを添えました。お待たせいたしました、まずは穴子の笹焼きです。お召し上がりください。

佐々木 ……なるほど。穴子の身はふくよかやし、甘くて美味いな。これはこれで向付として成立している。せやけど、今は梅雨が明けるかどうかの蒸し暑い時季。何かキリッとしたものが足りないような気がする……。

野村 それで〝甘い〟とおっしゃったんですね。

佐々木 そうや。例えばスダチを2、3滴搾って、味をグッと引き締める。すると、よ

り穴子の旨みが引き立つような気がする。

野村　夏は夏らしい攻め方が必要ということですね。

佐々木　その通り。夏であれば、酸味や爽やかな香り、キレのある味を欲する。そのあたりをアクセントに加えると、より一層、季節感に膨らみが出ると思う。ところでこの山椒煮、ちょっと味がボケてるわ。水煮したものを使ったんか？

野村　鋭い……、その通りです。

佐々木　水煮は絶対アカン！煮ても何しても、味が締まらなくなる。下処理をして冷凍させといて、その都度使うとえぇ。

野村　はい！そうします、目が覚めました。

佐々木　頼むで。料理人として譲ったらアカンとこはキチンとせな。ほな、仕切り直してもう一品いこか。

野村　次は煮穴子の笹焼きをにぎりでお出しします。穴子は骨が当たらない200gサイズのもの。濃口醤油、みりん、酒、砂糖と粗糖、メープルシロップを加えて40分ほど炊きました。そして、軽く笹焼きに。身を下にすることで、笹の香りをしっかり纏わせます。握って、煮ツメで軽く炊いた実山椒をのせました。

佐々木　これは美味いわ。煮穴子には、野村らしい仕事が施されている。口の中でほどける質感もえぇ感じや。

野村　ちょっとホッとしました。穴子の笹焼きを軸に、まずは身を半生で、次に煮ダネにしてにぎりで……という展開があってもユニークでいいのかなと。生魚ばかりが続く鮨屋ですから、お客様が飽きない工夫を、と思いました。

佐々木　オリジナリティがあってえぇと思うよ。野村は、料理屋と鮨屋、2つの世界を見てきたわけやから。江戸前でもなく、関西風でもなく、それらを融合させた〝野村の料理〟をこれからも作り続けて欲しいと願うね。

【弟子：野村一也さん作】穴子の笹焼き（上）と煮穴子の笹焼きのにぎり（下）。

フルーツの酸味を利かせた向付の新発想

佐々木 よっしゃ次、いかせてもらうで。今日は、向付の新しい食べ方を提案しようと思う。

野村 どんなアイデアが出てくるのか、ワクワクします！

佐々木 鯛を三枚におろし、塩を強めに振り、白板昆布を用いて12時間、昆布〆にした。そして、茹でた車エビ、ホタテの貝柱と共に盛合せにする。

野村 おやっさんが盛合せとは、珍しい……。

佐々木 そう、『祇園さゝ木』では絶対に盛合せはやらへんけどな。向付とは、先付からデザートまで続くコース料理の中の一部分。ここで3種盛りなど盛合せがきたら、飽きるし、センスもない。通常は、最高の旬魚をまず1種はお造りで、続く2種はにぎりにして出すなど、変化をつけている。せやから今日は特別や。このジュレが全体を繋ぐことを証明したいと思ったんや。野村、ちょっと味見してみてくれ。

野村 えっ？これってグレープフルーツのジュレ……ですか!?

佐々木 その通り。グレープフルーツジュースに、濃い真昆布のだしを加え、海藻由来のゼラチン・パールアガーでとろみを付けて1日寝かせたんや。

野村 グレープフルーツに昆布だしとは……。おやっさん、そのアイデアはどこからくるんですか？

佐々木 発想の源は、煎り酒（※4）の酸味。鯛の昆布〆と無条件に合うなと。そこからや。夏向きの爽やかさを持たせるには、柑橘の苦みや酸味……そうや、グレープフルーツが合いそうやなと。しかし、深みが足りない。それで、グルタミン酸のうま味を重ねようと、真昆布からとった濃いだしを使うに至ったんや。

※4
煎り酒：酒にカツオ節と梅干しを入れ、じっくり火を入れた酒精分のない液体。主に造りや酢の物の調味料として使われる。

野村 僕にはない発想です……。

佐々木 ほな早速、食べてもらおうか。えー、7月の向付です。鯛の昆布〆、ホタテ貝柱、車エビを盛合せにしました。この時季の京都といえば湿度も気温も高くてジメジメしています。ですから、酸味を利かせたグレープフルーツのジュレをかけました。スプーンで魚介とジュレをすくって一緒に口に含み、よく噛んでいただくと、じわじわと素材の甘みが出てくると思います。どうぞお召し上がりください。

野村 いただきます！……おやっさん、美味しいです。グレープフルーツのさっぱりとした酸味と、昆布からにじみ出たエキスが見事に融合しています。鯛や車エビ、ホタテの旨みを、爽やかなジュレがグッと引き出していると感じました。

佐々木 造りといえば土佐醤油、割り醤油など、どうしても醤油がベースになりがち。塩や煎り酒を使うこともあるけれど、どれもありきたり。せやから、魚介に合うと感じたフルーツの酸味を生かしたんや。

野村 その発想に刺激を受けます。

佐々木 そして、あらかじめ適量をかけ、お客様へ提供するのもポイント。野村が前編で提案してくれた向付「スズキの和風カルパッチョ」にも繋がるな。「作り手が味を決める」というスタンスは、向付の新スタイルとしてどんどん取り入れるべきやと思ってるんや。

野村 これから、店でも提案していこうと思います！あと、おやっさんのグレープフルーツのジュレを用いたこの料理は、『鮨 楽味』ですと先付でお出ししてみたいな…と思いました。ハードルがグッと上がりそうですが…。

佐々木 初っ端（しょっぱな）で、お客様のハートを掴むにはぴったりかもな。

野村 新たな気付きをありがとうございました！

【師匠：佐々木 浩さん作】造り3種盛合せ グレープフルーツのジュレがけ

［弟子：野村一也さん作］

穴子の笹焼き

❶穴子はタワシを使ってぬめりをしっかりこそげ取り、おろす。両面に軽く塩を振る。
❷熾った備長炭を皮目だけに当てて炙る（身は半生の状態に）。
❸七輪の網に笹を敷き、穴子の皮目を下にしてのせ、上から笹で包む。遠火の弱火で、笹の香りを纏わせる（約1分）。その後、食べやすい大きさに切る。
❹器に③を盛る。茹でて八方だし（P50）に漬けた万願寺唐辛子、輪切りにしたミョウガの甘酢漬けを添え、山椒の醤油煮を天に盛る。

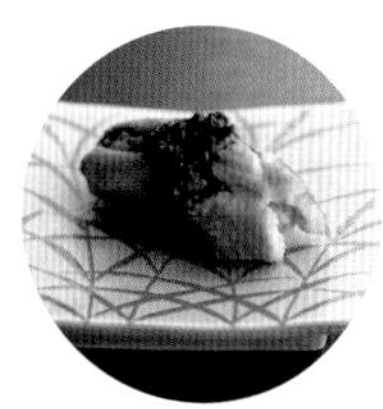

煮穴子の笹焼きのにぎり

❶穴子は庖丁で軽くぬめりをこそげ取る（完全に取り切らないようにし、旨みを残す）。臭みを取るために塩を軽く振って揉み、水洗いした後、おろす。
❷鍋に濃口醤油・みりん・酒・砂糖・粗糖・メープルシロップを加えてひと煮立ちさせ、①を入れる。煮汁が再沸騰したら、弱火で約40分煮る。
❸②を適度な大きさに切る。身を下にして笹で挟み、軽く焼く。
❹③をシャリと共に握る。実山椒を煮ツメで軽く炊き（煮ツメに山椒の香りがほのかに移る程度）、上にのせる。

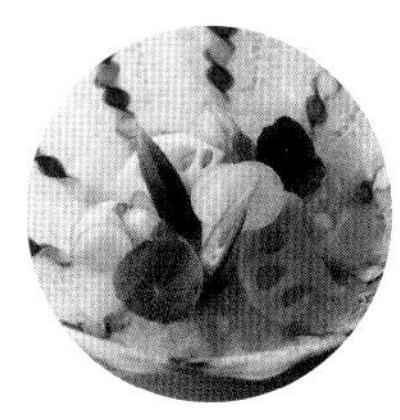

［師匠：佐々木 浩さん作］

造り3種盛合せ グレープフルーツのジュレがけ

<グレープフルーツのジュレを作る>

❶水1ℓに対して30gの真昆布を一晩浸しておく。翌朝火にかけ、約60℃で1時間加熱し、真昆布を引き上げる。

❷グレープフルーツジュースに①を2:1の割合で合わせ、パールアガーを加えて加熱する。冷蔵庫で1日置く。

<仕上げ>

❸鯛は三枚におろし、塩を強めに振り、白板昆布を用いて12時間、昆布〆にする。

❹車エビは塩を加えた熱湯に入れて茹でる。

❺③を平造り（P84）にする。④は殻を剥き、ホタテ貝柱と共に食べやすい大きさに切る。

❻②を器に注ぎ、⑤を盛る。湯がいて八方だし（P50）に漬けたミニオクラ、土佐酢に漬けた新レンコン、薄くスライスしたシャインマスカットを添える。ナスタチウムをあしらう。

京都 | 祇園白川

鮨 楽味

江戸前鮨と
〝劇場型〟の融合。
シャリの仕上げも
お客の前で

カウンターに土鍋を置き、野村一也さんが声を張る。「造りとアテを召し上がっていただく間に良い塩梅のシャリに仕上げます！」。赤酢を回しかけ、シャッシャッと軽快な音を立てて杓文字を動かす。その一挙一動に、満座の視線はくぎ付けだ。

野村さんは東京で鮨の経験を積み、『祇園さゝ木』へ。6年の修業の後、銀座『鮨 よしたけ』吉武正博さんの下で江戸前鮨の流儀を学んだ。ゴーサインが出るや、2019年に『鮨 楽味』の料理長に。

ある初夏の造りは軽く熟成させたヒラメ、続いて甘みたっぷりのボタンエビ。そこへ染付の鉢が運ばれた。「アワビです。蒸す前はこんなサイズやったんです！」と見せる殻の大きさに一同がどよめく中、「濃厚な肝ソース、続いて先ほど合わせた酸味立つシャリと共にリゾット感覚で召し上がってください」。『よしたけ』伝授のスペシャリテが『さゝ木』仕込みの口上テクニックと相まって座を沸かせる。

にぎりのトップバッターは『さゝ木』の代名詞・マグロ。ヅケにし、ジャストな温度と酸味に落ち着いたシャリで握る。炭で炙ったノドグロ、レア感を残す絶妙の茹で加減の車エビ。笹の香りをまとわせた煮穴子は儚くとろける。「ほろりと消えた！」。感嘆の声に包まれ、〝楽味劇場〟は大団円を迎える。

料理はすべて27000円のおまかせから。先付、造り2～3品、アテ4～5品、赤白2種の酢を使い分けるにぎり8～11カン、料理2品。上段左から／炭火焼の夏野菜とトリ貝。／蒸しアワビを披露し、大ぶりに切り分け、シャリ、肝ソースと共に供す。／金目鯛と原木椎茸の炭火焼。下段左から／ヅケ用の器はバカラ製。／「おやっさんが仕入れた中で一番いい部分」というマグロのヅケ。／天然の車エビ。／ふっくら、熱々の煮穴子の笹焼き。

京都市東山区三吉町332-6
☎090-4566-3733
17:00・19:30一斉スタート／日曜、第2・4月曜休、不定休あり
京阪本線三条駅・祇園四条駅から徒歩8分
予約必要／カードほぼすべて可／カウンター8席
㊎おまかせ27000円。瓶ビール小1000円、日本酒G1100円～。
※現金の支払い不可、カード払いのみ、サービス料込。

焼き物

×

『老松 喜多川』

店主

喜多川 達

『祇園さゝ木』流の焼き物の奥義は、
「旬魚をシンプルに焼き上げる」こと。
しかし、弟子の『老松 喜多川』喜多川 達(とおる)さん、
師匠の両者とも、今回はチャレンジングな
一品で勝負に出ました。
弟子はノドグロ、師匠は鮎で。
〝定番〟を大胆にアレンジした
意欲作が出揃いました。

焼き物は——

「原価をかけて勝負したい献立」
——喜多川

「椀物・向付に並び、店の格を示す存在」
──佐々木

―8月の焼き物・前編―

旬魚をあえて選ばず、通年供せるノドグロで。心意気感じる、弟子の挑戦

ノドグロの酒塩焼きに、茶豆のソースを合わせて

佐々木 焼き物とは、コースの華であり、店の格が分かる重要な存在やと僕は思っている。

喜多川 おやっさんはいつも「造り、椀物、そして焼き物にはしっかり原価をかけろ」とおっしゃっていました。独立してからも、僕は常にその言葉を念頭に置いて、仕事をしています！

佐々木 お前はお調子者やけど、真面目な気質やから安心してる。今日はどんな料理をぶつけてくるのか楽しみや。ほな、喜多川から始めてもらおうか。

喜多川 はい！まず「何を焼くか」を考え、ノドグロを選びました。理由は、通年入手できるから。今回の師弟セッションで学んだことをもとに、ブラッシュアップさせて自分のものにしたいな、と。次に「どう焼くか」。備長炭を使い、皮目のパリッとした食感を生かしながらも、ふっくらとした身質に仕上げたい。結果、「かけ焼き（※1）」に至りました。

佐々木 かけ焼きとなると若狭地（※2）をかけながら焼く「若狭焼き」か？

喜多川 いえ、「酒塩焼き（※3）」です。ノドグロのアラからとっただしをかけながら焼くんです。アラと利尻昆布、酒を合わせて、100℃のスチームコンベクションで30分蒸したものを使います。

佐々木 ほほぅ。

喜多川 ノドグロの身に薄く塩を当て、皮目に切り込みを入れます。強火で両面を焼き固めたら、ノドグロのだしをかけ、乾かすように炙る作業を3回繰り返します。

佐々木 いい感じに焼き上がってるな。

喜多川 いつもの僕なら、ここにスダチを添えるなどしてシンプルに提供します。でも今日は、あえてその逆をいってみようかと！おやっさんに何て言われるか不安

※1
かけ焼き：魚介を素焼きし、タレを数回かけるか塗るかして焼き上げること。

※2
若狭地：酒を主体に、醤油・みりんなどを合わせた焼き物のタレ。

※3
酒塩焼き：塩を振った魚や塩味を含ませた食材に酒入りのタレをかけて焼き上げる料理のこと。

ですが……（笑）。

佐々木 悔いが残らんよう、思い切りやったらええ。

喜多川 ありがとうございます！ ノドグロの焼き物に、茶豆のソースを合わせます。だだちゃ豆のルーツとされている、新潟産の茶豆を塩茹でしてミキサーにかけ、昆布とカツオ節からとっただしで伸ばしました。

一皿の一体感を出す、師匠からの提案

佐々木 ほな、席に着かせてもらうで。

喜多川 お待たせしました！ ノドグロの酒塩焼きです。茶豆のソース、そしてノドグロのアラだしとカツオ昆布だしを合わせたものを注いでいます。上には白髪ネギ。スプーンでお召し上がりください。

佐々木 （佐々木さん、無言でじっくり味わいながら…）喜多川に聞く。この料理のセールスポイントは？

喜多川 酒塩焼きにすることで、身がふっくらとした仕上がりになること。ノドグロが持つ旨みを、身の中に戻すというのもポイントです。さらに、茶豆のソースで夏らしさを表現しました。

佐々木 白髪ネギの上にかかっているのは黒七味か。かけた理由は？

喜多川 ネギの風味やノドグロの脂と相性が良いなと。

佐々木 ストレートに言わせてもらうで。黒七味は、アクセントにはなる。しかしこの料理の場合、茶豆が持つ清々しい香りを生かし切るなら、黒七味の刺激は不要やと感じた。

喜多川 なるほど！ スダチを搾るなどした方が、茶豆の風味を際立たせられたのかもし

【弟子：喜多川 達さん作】ノドグロの酒塩焼き

れません……。

佐々木 これは想像やけど、アラからとっただしにあらかじめ黒七味を入れて香り付けしておく。それでノドグロを酒塩焼きにしていたら、もっと茶豆のソースが生きたかもしれへん。

喜多川 その発想はなかったです!

佐々木 もう一つ言わせてもらうで。茶豆のソースだけやなく、ノドグロのだしとカツオ昆布だしを合わせて皿に流したわな。この2つが分離しているような印象を受けるんや。

喜多川 濃度が違うから、まとまりがないってことですね。

佐々木 いっそのこと、茶豆のペーストに、この素晴らしいノドグロのだしを合わせてみたらどうやろ? 融合させたソースの上に、酒塩焼きにしたノドグロをドンと盛る。すると、より一体感が出るんじゃないかな。

喜多川 確かに! おやっさんのアイデア、さすがです。

佐々木 最近(取材は2021年7月下旬)、ノドグロは1kg12000円はする。脂のりがちょうどいい800g程度のサイズで1万円……。しかも4切れ程度しか取れへんから、それを考えると喜多川が提案した焼き物は、原価が凄い。この料理から、お客さんを喜ばせたいっていう料理人の心意気を大いに感じた。

喜多川 ありがとうございます。僕の中では、原価をしっかりかけて勝負したい献立が焼き物ですから。これからも挑戦していきます!

［弟子：喜多川 達さん作］

ノドグロの酒塩焼き

❶ノドグロは三枚におろす。

❷ノドグロのアラだしをひく。中骨と、梨割り（P62）にしたノドグロの頭に強く塩を振る。ボウルに入れ、利尻昆布、酒を加え、ラップをして100℃のスチームコンベクションオーブンで30分蒸す。濾してタレとする。

❸茶豆のソースを作る。茶豆は塩茹でし、サヤから出して塩を振る。カツオ昆布だしを加えながら、なめらかになるまでミキサーにかける。

❹①の身に薄く塩を当て、皮目に切り込みを入れる。平串を打ち、熾（おこ）した備長炭で炙る。皮目から強火で焼き、両面がほんのりキツネ色になるまで焼き固めたら、②をかけ、乾かすように炙る。目安は皮目に2回、身に1回。これを3回繰り返す。

❺器に④を盛り、③の茶豆のソースを添え、②とカツオ昆布だしを適宜合わせたものを注ぎ入れる。白髪ネギをあしらい、黒七味を振る。

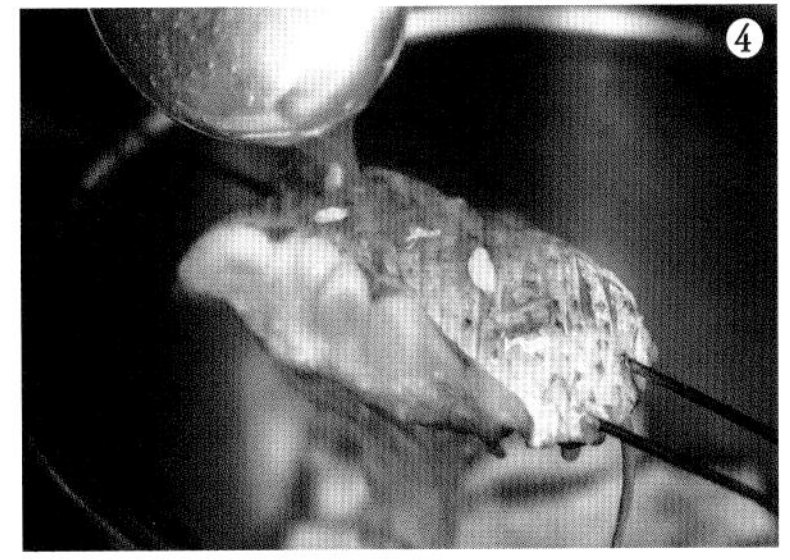

―8月の焼き物・後編―

豪快な塩焼きをあえて封印。常連のお客を喜ばせる『さゝ木』流、分解再構築

鮎の部位ごとに、最適調理を施す

佐々木　ほな、次いかせてもらうで。僕の焼き物は、王道の鮎で勝負や。

喜多川　おやっさん言うたら、丸ごと味わえる塩焼き、ですよね。

佐々木　『祇園さゝ木』の鮎塩焼きのルーツは、岐阜にある鮎料理専門店『川原町泉屋』にある。頭から齧りつけば、ハラワタの香りがフワッと立ち上り、身はホロリと口の中でほどけていく……。五代目店主・泉 善七さんが焼き上げる鮎に魅せられ、インスピレーションを受けて、毎年、今の時季には塩焼きをお出ししてきたわな。

喜多川　もしかして、新たな鮎料理を編み出したのですか⁉

佐々木　そうなんや。なぜなら、焼き鮎を丸ごと……となると、女性のお客様はそれだけでお腹が膨れてしまう場合もある。コース料理が続く中の一品としての、鮎の焼き物を、と考えた。

喜多川　おやっさんの鮎料理に変化あり、ですね。それは楽しみです！

佐々木　ずばり言う。テーマは「鮎 塩焼きの再構築」や。

喜多川　分解して、組み立てる…ということですか！

佐々木　せや。鮎を頭と腹骨、身、そして内臓と各パーツごとに分け、それぞれ調理し、一皿に仕立てる。今日の鮎は、岐阜・和良（わら）川より。この鮎は、内臓の香りがすごくいい。せやから内臓はソースに。頭と腹骨は、下処理をした後、素揚げに。そして背開きにした身は、扇風機に2時間当てる。

喜多川　風乾ですね。

佐々木　そういうことや。鮎が持つ余分な水分を蒸発させることで、焼き時間が短くなる。せやから身はふっくらと、口当たりの良い食感に。

喜多川　強火で短時間、焼き上げるわけですね。程よく旨みも凝縮しそうです。

【師匠：佐々木 浩さん作】鮎 塩焼きの再構築、肝掛け

「焼き物はシンプルに」を改めた、師匠の心境の変化

佐々木 お待たせいたしました。えーっ「鮎 塩焼きの再構築、肝掛け」です。素揚げにした腹骨と頭を添え、バルサミコ酢と鮎の内臓を煮詰めたソースをかけています。どうぞ、お召し上がりください。

喜多川 いただきます！ うわっ、身のふっくら感がスゴイですね。塩焼きとはまた違う、繊細な身質です。素揚げにした骨や頭はパリパリで、食感の違いが面白いです。

佐々木 喜多川に初めて褒められた気がするわ（笑）。ありがとう。

喜多川 しかもこのソース、絶妙ですね。ワタの香りは清々しく、バルサミコ酢は思っていた以上に柔らかな酸味。

佐々木 和良川の鮎の特長は、肝の香りと苦み。煮詰めたバルサミコ酢のまぁるい酸味が合うなと思って。この料理には、あえてビールをもってきたいね。

喜多川 合いそうですね。しかしおやっさんが、「鮎 塩焼きの再構築」とは驚きでした。修業時代、僕がおやっさんに教わった焼き物の奥義は、旬魚をシンプルに焼き上げて提供することだったので。

佐々木　最近、考えることがあってな。『祇園 さゝ木』のお客様の大半は、毎月お見えになる。せやから、ズワイガニのシーズンは別として、ゲストには「ここへ来たら、いつも違う料理が出てきて楽しい」と感じていただきたいんや。

喜多川　同感ですね。

佐々木　でも「私は鮎の丸焼きを食べたかった」という王道を好むお客様もいらっしゃるワケで……。だから鮎をどこまで変化させるべきか、料理人の腕の見せ所やと思ったんや。

喜多川　勉強になります。ちなみにおやっさんが考える、鮎のベストシーズンはいつですか？

佐々木　梅雨が終わり、川の水量が減り、川底にようやく藻が付くのがだいたい7月末から8月初旬。鮎がほんまに美味いのは、その時季からお盆を過ぎたあたりの2週間やと思う。

喜多川　藻をたらふく食べて、内臓が美味しくなっている、ということですね。

佐々木　そういうこと。肝ソースの美味さも際立つと睨（にら）んで、あえてこの時季に鮎、という提案をしてみたんや。

喜多川　2週間しか味わえないという刹那（せつな）……。それだけに、大いに価値がありますね。

佐々木　料理人としては、瞬間瞬間を捉えていきたいね。

喜多川　仰る通りですわ。最近、鮎のサイズが大きくなってきたので、頭ごと味わっていただく調理が難しいと思っていたところ。おやっさんが創造する新たな鮎料理に、大いなるヒントをいただきました。ありがとうございました。

［師匠：佐々木 浩さん作］

鮎 塩焼きの再構築、肝掛け

＜鮎の下処理をする＞

❶鮎はウロコを庖丁で軽くこそいで除き、胸ビレの後ろから頭をまっすぐに切り落とす。背開きにして内臓を除き、腹骨をすき取る。腹骨と頭は3%の塩水に1時間漬ける。腹骨は1日風乾する。

❷開いた身に串を打ち、扇風機の弱風に2時間当てる。

＜肝ソースを作る＞

❸小鍋で酒を煮立たせ、①で取り出した内臓を合わせて加熱する。粗熱が取れたら、裏漉しする。

❹別鍋に薄口醤油・みりん・酒・砂糖・バルサミコ酢・鮎の魚醤（市販品）を入れて加熱する。バルサミコ酢の酸が和らいだら、③を加えてさらに煮詰める。水溶き片栗粉でとろみを付ける。

＜仕上げ＞

❺万願寺唐辛子は串を打ち、炭火でやや焦げ目が付くまで焼いた後、カツオ昆布だし・濃口醤油・みりんを合わせた地に浸す。輪切りにしたレンコンは素揚げする。

❻①の腹骨と頭は、白絞（しらしめ）油で素揚げにする。

❼②に串を打ち、両面に薄く塩を振る。盛り付けた時に表になる方から炭火で焼く。途中、鮎の魚醤をスプレーで振りかけ、表面がうっすら色付くまで焼き上げる。

❽⑦を器に盛り、⑤の万願寺唐辛子とレンコン、⑥の腹骨と頭を添え、④の肝ソースをかける。

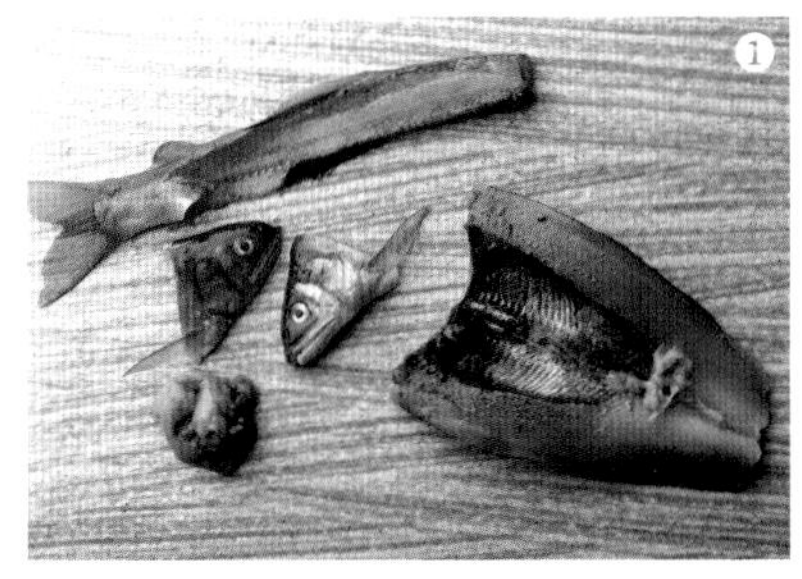

大阪｜西天満

老松 喜多川

新装拡張した
カウンターで
ライブ感ある
食い味を

西天満の地で創業11年目を迎えた2023年1月、同エリアで移転・拡張オープン。純日本建築の建物には念願の待合い室を設け、厨房と繋がっているようなライブ感あるカウンターでは、店主・喜多川達さんを筆頭に弟子たちがのびのびと持ち場を担当する。新たな試みは、その空間だけにあらず。

魚菜が中心のおまかせコースは全10品。先付、前菜に続く「八寸」に先進性が光る。「可能な限り、作りたてを」。例えば金目鯛の粽は笹の葉で包み、いぐさで縛るところから。揚げたてのかき揚げなどと共に盛り込んだなら、すぐにお客の元へ。あえて2名分の取り分けスタイルにし、折敷の中に四季の景色を描く。渾身のだしで仕立てる椀物や、造りの庖丁目の繊細さなど、大阪と京都の名店で培った技が随所に。

中でも〝さゝ木イズム〟を継承する遊び心が、喜多川さんの真骨頂。ある日の強肴には「アワビと赤ウニの和え麺」が登場。蒸しアワビはすっと歯が入る柔らかさ。その肝と赤ウニなどからなる濃密なソースが特注の麺に絡み、食べ手のボルテージは最高潮に。緩急ある展開で「季節感の総合演出とインパクトのある食い味。両輪を軸に表現できれば」。理想の空間を得たことで、さらに輝きを増している。

料理はすべて24200円（全10品）のコースから。左／八寸（2名分）。左から、金目鯛の粽。小鉢にはゴマ豆腐とミル貝、ショウガ酢。桜エビと河内一寸そら豆のかき揚げ。盛り込みは八寸ではなく、お造りの場合も。中／煮椀物は毛ガニの真丈と秋田のジュンサイ。だしはまぁるい旨みを蓄え、わずかな雑味も感じさせない、ふくよかな味わいの余韻が印象的。インゲン豆、木ノ芽を添えて。右／アワビと赤ウニの和え麺。漆の高台皿は、漆器職人・林 源太作。

大阪市北区西天満4-12-27
☎なし
18:00～21:00LO／不定休
各線淀屋橋駅から徒歩6分、地下鉄各線南森町駅から徒歩8分
予約必要（予約サイト「OMAKASE」から）／カードほぼすべて可
カウンター8席、個室2室（1Fカウンター2～5名、2Fテーブル2～6名）
㊎コース24200円（変動あり）。日本酒1合1100円～。※サービス料5％別。

進肴×『おが和』店主 小川洋輔

進肴とは強肴の別称で、
珍味など、酒肴として供される料理のこと。
杯を進める工夫が必要な献立に挑戦するのは
師匠に「突き詰める性格」と言わしめる
『おが和』の小川洋輔さんです。
取材したのは、残暑厳しい9月。
食材の端境期に、何をどう仕立てるか。
料理人の知恵と表現力が試されました。

進肴は——

「〝もう一献〟を誘う、料理人の腕の見せ所」

——佐々木

「焼き物と鉢物の間で、リズムを作る」
——小川

—9月の進肴・前編—

野菜は朝採り、豆腐は自家製。
“馳走の心”を忍ばせ、
滋味ある、印象深い味わいに

ゴマ和えの隠し味に、フルーティーな酢

佐々木　極論を言わせてもらうと、献立の中で無くても成り立つのが進肴かもしれへん。せやけど僕は思う。原価をかけた焼き物でお酒が進み、会話も弾み、気分は最高潮になるわな。そこから「さぁ、もう一献いっときますか！」と、お客様により一層楽しんでいただきたいという作り手の心意気が表れる料理が進肴やと思う。

小川　お客様の中には、お酒を飲まれる方も、そうでない方もいらっしゃいます。だから、どう緩急をつけるべきか、意外と難しい料理でもありますね。

佐々木　食べ手の気持ちになって、好きなものを出すのが一番やと思う。時々の感覚でな。

小川　僕もそう感じています。なので、まず9月の献立を考えました。一品前に供する焼き物は、炭火で香ばしく炙ったノドグロとトロリとした質感の焼きナス。後の鉢物は、鱧と白ズイキです。熱々の鱧だしあんをかけ、煮梅の酸をほんのり利かせたもの。そこで、間にくる進肴は9月初旬に名残を迎える夏野菜のゴマ和え、そして自家製の豆腐を添えた一皿です。

佐々木　野菜と豆腐が主役とは潔いな。しかも、豆腐は自家製してるんか。

小川　そうなんです。濃厚な豆乳に、五島灘のにがりとお水を少々。型に流し、スチームコンベクションオーブンで加熱します。氷水で冷やしている間に、ゴマを使った和え衣を仕上げます。そこに、ちょっと面白い調味料を使っているんですよ。

佐々木　なんや、お酢か？

小川　京都・宮津『飯尾醸造』の「無花果酢（いちじくす）」です（現在は終売）。酸味は柔らかく、独特のフルーティーさがあります。これが、ゴマの香ばしさにバチッと合うんです。しかも、豆腐の優しい甘みとの相性も良くって。すり鉢に下処理した夏野菜を加えて和え、器に盛り、豆腐を添えたら完成です。

「作れるものはすべて自家製」という『おが和』では、京都・宮川町『千代（ちしろ）豆腐店』の濃厚な豆乳から豆腐を作る。

【弟子：小川洋輔さん作】野菜の胡麻和えと豆腐

〝野菜で飲ませる〟ための、味づくり

佐々木 小川がこの料理を考案した意図を詳しく聞かせてもらおか。

小川 僕は今回、前後の献立を魚料理と仮定しました。なので進肴でリズムをつけられるよう、野菜の一品を入れようと。だけど〝野菜で飲ませる〟ためには、味づくりと構成の工夫が必要です。

佐々木 その通りやな。

小川 夏野菜は、毎朝通わせてもらっている京都・修学院『音川農園』のもの。朝採りですから、そもそも味が濃いんです。それを、無花果酢の爽やかな風味を利かせたゴマ和えに。しかし、酒を飲んでもらうにはもう一歩踏み込むべきです。9月といっても残暑は続くので、冷酒で冷奴、枝豆でビールもまだ美味いと感じる。それなら、自家製の豆腐を添えてみてはどうか、と思ったんです。おやっさん、まずは豆腐を一口食べていただき、その後、ゴマ和えと共にお召し上がりください。

佐々木 (豆腐を口に含み……) 濃厚な味わいで美味いな!

小川 ありがとうございます。基本的にウチの店は、作れるものは全て自家製。たとえ酒の肴だとしても、手の込んだものをお出ししたいという想いがあって。

佐々木 なるほど。お前は一門会メンバーの中で最も個性が強いと思うわ。「そこ、こだわるとこちゃうやろ?」という点でもとことん追求し、完成させていくからな。で、この豆腐に続いて、ゴマ和えを一口……。うん、それぞれの野菜の食感が良く、味もしっかり感じるな。干し椎茸もえぇ仕事してるやんか。

小川 『音川農園』で冬に干してもらった椎茸です。

佐々木 味が濃い夏野菜に、ゴマの香ばしさと無花果酢の柔らかい酸味が馴染んでいる。

しかもや。豆腐とゴマ和えを混ぜ合わせると、また違った味の広がりも。これは酒を呼ぶな。

小川 そう言っていただけてホッとしました。

佐々木 小川らしい進肴やと思う。素晴らしいの一言や。正直言うと、最初は「なんで酒の肴に、豆腐とゴマ和え?」と思ったで。「ワタリガニなんかで飲ませる方がええんちゃう?」と。せやけど、夏から秋に差しかかる今の時季は、端境期でもある。夏の食材で秋の風情をどう表現するかが料理人の腕の見せ所やわな。その点で、この進肴は、唐津の器、そして料理の色合いに、どことなく秋の風情を感じる。決して豪華な食材を駆使していない。だけど、豆腐は自家製やし、野菜は毎朝採りに行く。つまりは馳走の心を感じる。小川らしい進肴やなと僕は思った。

小川 自分が食べたいものを、素直に表現してみてよかったです。

佐々木 でも、今どきの〝映える料理〟ではないから、小川の気持ちをどう伝えるかが重要やと思う。「野菜と豆腐なんですけど、すごくお酒に合うと僕は思うんです」と説明しながらお出しすると、お客さんも飲みたくなるやろな。

小川 派手な料理じゃないからこそ、丁寧に伝えることが大切ですね。約10年、店をやらせてもらっていて気付いたことが一つあります。おやっさんは、どんどん新しいことに挑むタイプです。僕も、独立した当初は新たな発想を……と挑戦してきましたが、僕は同じことをしてもダメやな、と。自己を知りつつ、僕らしい料理を出さないとお客様は納得しない。僕らしさを見出すのに10年かかりました(笑)。

佐々木 それでえぇねん。小川はいい意味で土臭い人間や。お前らしさを存分に感じる進肴やったで。

小川 ありがとうございます! これからも自分の道を極めていきます。

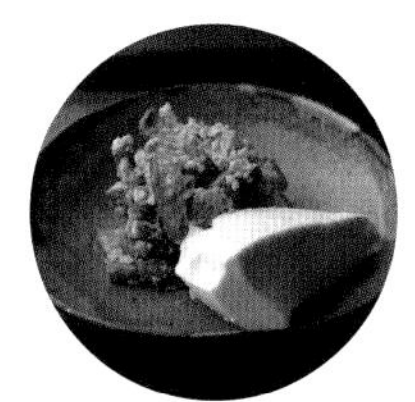

［弟子：小川洋輔さん作］

野菜の胡麻和えと豆腐

❶豆腐を作る。冷蔵庫で冷やした豆乳400mℓに、五島灘のにがり約10mℓ、少量の水を加えてヘラなどでゆっくり混ぜ合わせる。型に入れ、90℃のスチームコンベクションオーブンで30分加熱し、氷水に当てて冷やす。

❷キュウリは半割りにして種を取り、薄く斜めに切る。立て塩※1に10分漬けた後、水気を切る。

❸戻した干し椎茸（原木椎茸）の軸を除き、椎茸の戻し汁・濃口醤油・三温糖で煮含めたなら、そのまま冷まして味を含ませる。水気を切って約2mm幅に切る。

❹ササゲ豆は湯がいた後、3cm幅に切り、八方だし（P50）に漬けておく。その後、水気を切る。

❺ゴマを弱火でゆっくりと香りが立つまで煎る。すり鉢に入れてすり、薄口醤油・三温糖・無花果酢を加えてさらにすり混ぜる。硬ければ、水を少量加える。

❻⑤に②・③・④の野菜を加えて混ぜ合わせる。器に盛り、①の豆腐を添える。

①

⑤

※1　**立て塩**：海水程度の濃さの塩水。材料にまんべんなく薄い塩味を付けたい場合や塩抜きする場合に用いる。

―9月の進肴・後編―

高級食材は封印。
細やかな仕事で
記憶に残る味を作る

あえて酒のアテ3品を盛合せに

小川 次は、おやっさんの番ですね。食材が品薄になるこの時季、どう出るのか楽しみです。

佐々木 『祇園さゝ木』では、八寸を出さへん。せやから進肴に、複数のアテを盛り込むのもありやな、と考えた。魚の焼き物と酢〆、そして野菜の和え物。1品ごとに塩味、酸味、甘み……味わいのアプローチを変える。

小川 ガッツリ飲めそうですね（笑）。

佐々木 せやろ。まず焼き物は、「鮎 塩焼きの再構築」（P111）のアレンジ版や。鮎の頭と腹骨は下処理をした後、素揚げに。背開きにした身は扇風機で風乾した後、焼き上げる。ソースを蓼酢に変更した。

小川 盛合せにするからこそのアレンジですね。肝ソースよりあっさりと食べ進めやすそうです。

佐々木 次に、小松菜の白酢和えを。野菜だけやなく、油抜きをして甘辛く炊いた「利休麩」を加えることで、グッと酒に合う味わいになる。そして最後に、鯖のきずしや。

小川 どれくらいの時間、塩で〆るのですか？

佐々木 塩で〆る前に、まず鯖の表面に砂糖をまぶし付けて30分置く。すると、身からしっかり水分が出るから、次の工程で塩の入りが良くなる。その後、米酢に漬ける。

小川 砂糖の浸透圧を利用するとは、目からウロコです。鯖に塩を当てる際、脱水はするものの塩味がなかなか回らない……ということもあるので、早速、ウチでも試してみたいです。

佐々木 さぁ、出来上がりや。小川、準備はえぇか。

小川 おやっさん、よろしくお願いします！

名残・旬・走りの料理で季節の移ろいを表現

佐々木　えーっ、本日は「季節の変わり目の進肴」をご用意しました。あえて1品に絞らず、夏が終わり、秋へ向かっている、そのシチュエーションを名残、旬、走りで表現しています。名残は、落ち鮎ですね。重湯でとろみを付けた蓼酢をかけています。ちょうど今が盛りの小松菜の白酢和えには酒煎りしたシメジを添え、秋らしさを表現しています。走りの鯖はきずしにして、皮目を炙って翡翠銀杏（ひすいぎんなん）と一緒に。9月といえば重陽の節句ですから、菊花を散らして。お好きな順にお召し上がりください！

小川　いただきます。……鮎の風乾は、鮎が持つ余分な水分を飛ばしながらも、身はふっくら。旨みに凝縮感があります。白酢和えは小松菜の食感が生きていますよ。甘辛く炊き直した「利休麩」と共に食べると、オツな酒の肴に。鯖きずしの酸味は柔らかく、塩味の入りが良いですね。杯を進ませる味わいです。しかし、『祇園さゝ木』で盛合せとは珍しいですね。おやっさんぽくない……というか。

佐々木　正直に言うと、どの食材を使うかほんまに悩んだ。9月は、夏のアワビや冬のズ

【師匠：佐々木 浩さん作】
季節の変わり目の進肴
（鮎 塩焼きの再構築、小松菜と利休麩の白酢和え、鯖のきずし）

ワイガニのような季節感ある食材に乏しい。そこで季節の移り変わりを表現する「3種の盛合せ」を考えたんや。

小川　なるほど。やや語弊があるかもしれませんが、これや！という旬食材がない場合は、1品に定めず、視点をずらすという工夫は大いにアリですね。しかもこの3品には、きっちりと仕事がなされていて、おやっさんの料理人としての矜恃を感じます。

佐々木　褒めてもらえて嬉しいわ。最近、「引く美学」をどこに持ってくるか、ということを考えててな。僕が言える立場ではないかもしれへんけど、高級食材一辺倒の料理屋が増えてきたと思う。例えば、アワビやクエ、トリュフに和牛……4番バッターばかりを組み合わせたコース。SNSで映える、着飾った料理がウケる時代やからな。自分が客の立場でそんな皿に出合うと、料理って何なのかな……と考えさせられることもある。何事も走り過ぎたらあかんなとつくづく感じるんや。

小川　この進肴3品には、そういう思いが込められていたのですね。今のおやっさんの流儀を学ぶことができて嬉しいです。

佐々木　先人から受け継いできた料理も大切にしていかなアカンな、と。そういった点で、丹精込めた野菜料理、手作りの豆腐など、地味だけど滋味深くて記憶に残る、小川の進肴に学ぶことも多かった。ありがとうな。

［師匠：佐々木 浩さん作］

季節の変わり目の進肴

＜鮎 塩焼きの再構築＞

❶鮎はウロコを庖丁で軽くこそいで除き、胸ビレの後ろから頭をまっすぐに切り落とす。背開きにして、内臓を除き、腹骨をすき取る。身を3％の塩水に20分漬け、弱風の扇風機で2時間風に当てる。その後、ガス火で焼き上げる。

❷腹骨と頭は3％の塩水に3分漬けた後、水気をしっかり拭い、白絞油で素揚げする。

❸蓼の葉は軸を除き、すり鉢ですりつぶす。重湯を加えてとろみを付け、塩・煮切り酒・米酢を加えて味を調える。

❹器に①と②を盛り、③をかけ、菊花をあしらう。

＜小松菜と利休麩の白酢和え＞

❶絹ごし豆腐は水切りをして裏漉しする。すり鉢に入れ、米酢・レモン汁・砂糖・薄口醤油・練りゴマペーストを加えてよくすり混ぜ、裏漉しする。

❷シメジは石突きを切り落とし、小房に分ける。フライパンに酒・薄口醤油・塩と共に入れて火にかけ、水分がなくなるまで煎り付ける。

❸小松菜は湯がき、八方だし（P50）に漬ける。水気を切り、2㎝幅に切る。利久麩は熱湯をかけて絞り、カツオ昆布だし・濃口醤油・砂糖で煮る。水気を切り、食べやすい大きさに切る。

❹ボウルに③と①を入れ、混ぜ合わせる。器に盛り、②を添える。

＜鯖のきずし＞

❶銀杏の鬼皮を取り、実を素揚げにする。薄皮を剥き、塩を軽く振る。

❷鯖は三枚におろす。腹側と背側、両面に砂糖をまぶし、30分置く。

❸②を洗い、水気を取る。両面にべた塩[※2]をして1時間置く。水洗いをして水気を取り、薄皮を剥ぐ。

❹③を米酢に15分漬け、水気を取る。

❺④の皮目に格子状の切り目を入れ、バーナーで少し焦げ目が付くまで炙り、食べやすいサイズに切る。器に盛り、スダチを搾る。①を添える。

※2　**べた塩**：魚の身全体に塩をたっぷりまぶし付ける手法。余分な水分と生臭みを取り、身を適度に引き締める。

京都｜烏丸御池

おが和

質実と奔放を
兼ねたコース。
名物は土鍋ご飯と
圧巻のお供8種

『京都吉兆』、『祇園さゝ木』でのべ14年半の修業を積み、祇園北側にて独立。2022年には烏丸御池の落ち着いたエリアに移転し、一軒家を構えた。カウンターと厨房を隔てるものはなく、座すれば、店主・小川洋輔さんをはじめ、一文字の長い作業台で弟子たちがキビキビと動く姿を眺められる。

冬のある日の夜のおまかせは、端正な雲子豆腐に炙ったフグのヒレを添え、だしを張った先付から始まる。ほっと温まったところで、「北陸のかぶら寿司をイメージしました」と、塩漬けの寒ブリに聖護院かぶらのべったら漬けとリンゴを合わせた酢の物が。そして雪山のように美しいかぶら蒸しが登場。フレンチの技法に倣って火入れしたサワラ、渋ささえ感じる煮豆が供されることも。「郷土料理や西欧料理からもヒントを得て引き算したり、シンプルな野菜料理を供したり」。その塩梅が絶妙で、コースに緩急を生んでいる。

クライマックスは締めの一幕。自家製カラスミやマグロとろろ、牛肉の山椒煮など、8種のご飯の供がズラリ。それをお代わり自由の土鍋ご飯と共に好きなだけいただく。昼には、このご飯を主役に、前菜盛合せ、汁物、デザートが付くコースも始めた。『おが和』名物としての呼び声は高まるばかりだ。

料理はすべて26000円のおまかせ（全9品）から。左／塩ブリにかぶらのべったら漬け、リンゴを合わせた酢の物。中／かぶら蒸しの煮物椀。カブの下は焼いた甘鯛。右／この日のご飯の供は、栃木・益子から取り寄せる卵、マグロ、とろろ、ちりめん山椒、お茶漬け用の牛肉の山椒煮、海苔の佃煮、ゴボウの金山寺味噌、カラスミ。「調味料と卵以外は、うちで作るか、なんかかんかしてます」。

京都市中京区姉西洞院町515
☎075·211·6005
12:00入店、18:00〜19:00入店／日曜休
地下鉄各線烏丸御池駅から徒歩7分
予約必要／カード要問合せ／カウンター11席
㊎昼／ご飯コース4560円、会席コース9600円、
夜／コース26000円。生ビールG880円、日本酒1合1100円〜。※サービス料込。

鉢物 × 『にしぶち飯店』店主 西淵健太郎

会席料理の献立としては珍しい鉢物ですが、
「ウチではあえて組み込んでいる」と言う師匠。
挑戦するのは、一門会メンバー唯一の中国料理店
『にしぶち飯店』の西淵健太郎さんです。
どちらも脂がのってくる落ち鱧を主役にし、
だしに重きを置いた鍋仕立てで。
季節に寄り添うもてなしとは何か？
師弟が改めて語り合いました。

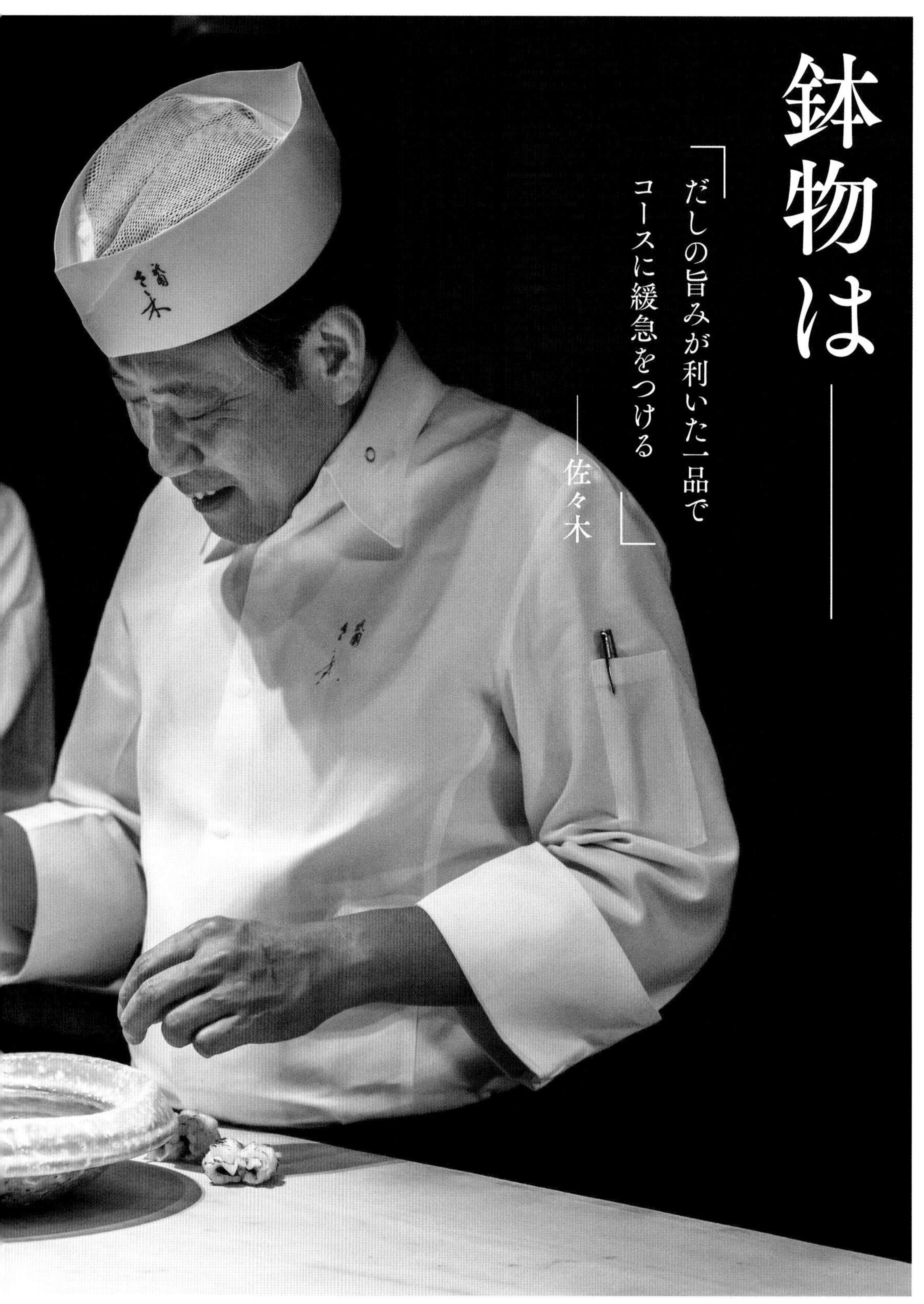

鉢物は——

「だしの旨みが利いた一品で
コースに緩急をつける」
——佐々木

7 鉢物

「終盤で感動をもたらし、コースを締める役割」
——西淵

【弟子：西淵健太郎さん作】フカヒレの土鍋煮込み

―10月の鉢物・前編―

和食材にも馴染む
クリアで深い清湯（チンタン）がベース。
コース後半で沸かせる贅沢土鍋

あえて鉢物を献立に組み込む意図とは

佐々木 『祇園さゝ木』では、鉢物という献立をあえて入れている。なぜか？ 焼き物からご飯物へという流れの中で、実に重要な存在なんや。焼き物、もしくはウチなら進肴（すすめざかな）でグッと酒を欲するわな。そこから鉢物でだしの旨みをしみじみ感じていただくことで、よりお客様の満足度を高め、続くご飯物でホッとしていただける。西淵は一門会メンバーの中で唯一、中国料理を看板に掲げている。和食とは違う視点で、鉢物をどのように表現するのか楽しみや。

西淵 おやっさん、お手柔らかに願います。まず僕が考える鉢物とは、コース終盤でお客様に再び「おおっ！」と感動していただく存在です。そうやないと、コース全体に締まりがなくなりますから。この考えは、『祇園さゝ木』で修業させてもろてる時から、今なお不変です。

佐々木 〝さゝ木イズム〟を継承してくれているのが非常に嬉しいね。

10月という季節を鑑みた仕立て

西淵 ではさっそく、僕からいかせていただきます。本日は、「フカヒレの土鍋煮込み」をご用意しました。清湯（※1）で鱧を軽く煮て、共地あん（※2）にしました。熱いうちにお召し上がりください！

佐々木 ほな、いただくで。……フカヒレと鱧という、西淵らしい王道で贅沢な素材の組合せや。クリアでいて深い、スープの味わいがえぇやんか！

西淵 ありがとうございます。鶏や豚などからとっただしにそれらの挽き肉を加え、余計な濁（にご）りや脂を取り除き、澄んだスープに仕上げました。

※1
清湯：濁りのない透明なスープのこと。

※2
共地あん：共地は、料理の主素材でとっただし、または主素材を煮た煮汁を使った合わせだしのこと。その共地に葛粉などでとろみを付けたものが共地あん。

佐々木　なるほど。ミンチ肉のタンパク質の凝固作用を使い、スープの濁りを吸着させたんやな。

西淵　濁りと共に獣っぽい風味も取れました。だから、鱧や松茸など和食材との相性もいいと思うんです。

佐々木　これは和洋中問わずに言えることやけど、だし（スープ）は料理屋にとって命。いかに材料に金をかけ、きれいで深みのあるだしをとるかが肝要や。だしに手を抜いたらすべての料理が台無しになるからな。その点で、コース後半の最大の見せ場である鉢物において、清湯を用いた土鍋煮込みは、西淵らしい気概を感じるね。

西淵　ありがとうございます。おやっさんと料理の話をする機会って、独立後はあまりないので、修業時代を思い出します。

佐々木　ほな、料理人の先輩として2点ほど言わせてもらってえぇか。まず素材のバランスや。鱧は、もう少し強めに塩を振った方がえぇと思う。

西淵　フカヒレや清湯の味わいに負けているってことですか。

佐々木　そういうことや。脂がのってきた秋鱧とはいえ、スープでしっかり炊いたフカヒレの旨みが勝ちすぎてる。例えば、塩を振った鱧を油通しするのもありやったんちゃうか？　そうすると鱧の旨みが一層、際立つと思う。そして、一番気になったことは……。10月の鉢物としてお出しするのに、共地あんの、この〝とろみ〟は重く感じると思うんや。

西淵　……確かに。10月の気候というと、日差しは和らぐけれど、気温は高い日もあります。そのタイミングに、しっかり濃度を付けた共地あんは暑苦しいですね。

佐々木　もうちょい薄めのあんでもえぇかもしれへんな。11月にさしかかって「ちょっと肌寒いな…」という時に、今回みたいなとろみを付けたあんやと「こいつ、粋なこと考えてるわ」となる。日々変化する温度や湿度を感じて、あんの加減

西淵

を微妙に変えることができたら、料理人としてパーフェクトやと思う。肌感覚でいかに、その日に応じた匙加減ができるかですね。とろみはもちろんですが、酢や塩の塩梅などにも同じことが言えます。気付かれないような細部をしっかり意識することこそ、料理人の仕事なんやと再認識しました。ありがとうございます！

［弟子：西淵健太郎さん作］

フカヒレの土鍋煮込み

❶清湯を作る。親の丸鶏（ぶつ切り）と豚（モモ肉・背骨）、水で戻した干し貝柱・青ネギ・玉ネギ・ショウガを寸胴に入れ、ひたひたの水を加えて弱火で4時間煮込み、クッキングペーパーなどで漉す。スープを再び鍋に入れ、豚と鶏のミンチ肉（スープを少量加えペースト状に練ったもの）を少しずつ加え、沸騰しない程度の火にかける。細かい肉の塊が表面に浮いたらクッキングペーパーなどで静かに漉す。

❷フカヒレ（ヨシキリザメ）を戻す。鍋に水・ショウガ・紹興酒・フカヒレを入れて火にかける。沸騰したら火を止め、半日かけて常温で戻し、ヒレの付け根などを掃除する。鍋に①の清湯、清湯と同量の酒、薄口醤油・砂糖と共に入れ、弱火で3時間炊く。

❸②のフカヒレの水気を取り、片栗粉をはたく。ネギ油※を入れたフライパンを熱し、表面に焼き色が付くまで中火で焼く。

❹鱧は骨切りし、5㎝幅に切って塩を振る。

❺①の清湯を火にかけ、沸騰する直前に④を静かに入れ、約2分で引き上げ、水気を切る。鱧の旨みが滲み出た清湯に、塩・薄口醤油を加えて味を調え、水溶き片栗粉でとろみをつける。

❻土鍋に、塩茹でしたチンゲン菜とモヤシを入れる。その上に、③のフカヒレと⑤の鱧をのせ、⑤の共地あんを注ぎ入れて中火にかけて煮立たせる。

※ネギ油の作り方

鍋に太白ゴマ油500㎖を入れ、皮を剥いて適宜切った玉ネギ200g・ネギの切れ端200g・ショウガの切れ端20g・ニンニク2片を加えて中火でじっくり香りが立つまで火を入れ、濾す。

鉢物 7

—10月の鉢物・後編—

王道の「鱧松」を鍋仕立てで。師匠の思惑は和みの演出と味わいに“隙間”を作ること

だしの旨みと酸味で、コースに緩急をつける

佐々木 僕は、あえて王道でいこうと考えた。名残の鱧と、旬の松茸を取り合わせた「鱧松」や。能書きは後にして、早速食べてもらおか。お待たせいたしました。「鱧と松茸の鍋」です。若水菜と厚揚げを添え、仕上げにスダチを搾っています。（佐々木さん自らが取り分けて）どうぞ、お召し上がりください。

西淵 おやっさん、いただきます。はぁ〜っ、しみじみ美味しいです……。だしの旨みを感じながらも、スダチの酸味が全体をぐっと引き締めていますね。

佐々木 コース料理を食べ進める中で、焼いたり揚げたりした高級素材がズラリと並ぶと、食べ手は疲れてくると思うんや。そこでや。だしの旨みを生かした鉢物でホッとしていただく、この緩急が大切やと僕は思う。

西淵 例えて言うなら、ミュージシャンのベストアルバムですね。ヒット曲ばかりが続くと、飽きがきてしまうことも。

佐々木 西淵、うまいこと言うやんか。

西淵 おやっさん、お代わりいいですか。……鱧は炙っているから、その香ばしさがい

【師匠：佐々木 浩さん作】鱧と松茸の鍋

いですね。もちろん旨みもしっかり。やはり松茸との相性はテッパンです。しかも厚揚げが味わいに奥行きを与えていて、若水菜の優しい食感も含め、秋を感じるお料理です！

佐々木 嬉しいこと言うてくれるやないか。厚揚げは、鍋を仕立てる直前に揚げてる。この鍋の名脇役やな。

鍋は、団らんを作れる

西淵 せやけどおやっさん、なぜここで鍋を持ってきはったんですか？

佐々木 大きな理由が2つある。まずはさっきも言うた、ご飯物の前にほっこりしてもらいたいからや。その時に、店主やサービススタッフが、お客さんに湯気の立つ鍋を見せながら説明する。すると、「あぁ、松茸入ってるんや、秋やなぁ。鍋の季節かぁ」と話題が広がる。自然とその場に団らんが生まれるやろ。僕ら料理人は、こうした雰囲気の演出もできるんや。

西淵 ほっこりした空気感を作るという意図があったのですね。

佐々木 2つ目は、王道の鱧松ではあるけれど、少しの〝隙間〟を持たせたかったんや。揚げたての厚揚げのトロットロの食感、柔らかい若水菜の初々しい香り……。それらをだしの滋味深い味わいと一緒に楽しむ。お客様には、ホッと穏やかな気持ちになっていただきたいと考えたんや。

西淵 なるほど。今の『祇園さゝ木』らしい、引き算の哲学を感じます。最近、ちょっとパフォーマンスに走りがちなところが僕自身にもあって…。せやけど、おやっさんの鉢物を味わい、季節に寄り添う食の豊かさ、そして楽しさ。そんな料理の本質を考えるきっかけになりました。ありがとうございました！

［師匠：佐々木 浩さん作］

鱧と松茸の鍋

❶白絞油を220℃に熱し、水気を切った絹ごし豆腐を入れ、表面が香ばしくなるまで揚げる。カツオ昆布だし・みりん・薄口醤油をひと煮立ちさせたところに入れて含め煮に。その後、食べやすい大きさに切る。

❷松茸は石突きを落とす。濡れた布などで表面に傷を付けないよう汚れを拭き取り、縦半割りにする。

❸鱧を骨切りし、3〜4cm幅に切り、炭火(バーナーでも良い)で炙る。

❹鍋に鱧の骨からとっただし(P71「徳島産の鱧の葛打ちと夏野菜の沢煮椀」手順①参照)、カツオ昆布だしを4:6の割合で合わせて火にかけ、煮立ったら塩と酒で味を調える。

❺鍋に④のだしを入れて弱〜中火にかけ、沸騰寸前で③の鱧、②の松茸、①の厚揚げを入れる。ひと煮立ちさせたら、食べやすい長さに切った若水菜を入れて火を通す。薄くスライスしたスダチを添え、だしにスダチをたっぷりと搾る。

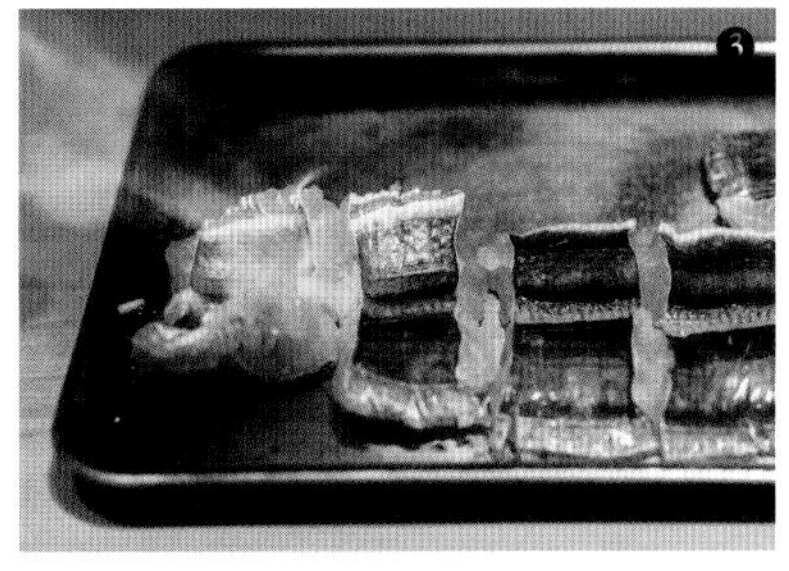

京都｜祇園

にしぶち飯店

名物料理に
円熟味も。
広東料理との
ハイブリッド

広東料理を軸に、時にお客の眼前で鱧の骨切りを披露するなど『祇園さゝ木』で培った技を取り入れたハイブリッドな味づくり。2013年の鮮烈なデビューから10年、店主・西淵健太郎さんは「和食と中華どっち？ みたいな葛藤もありましたが、やり続けてきた今が一番楽しい」と目を輝かせる。

見目麗しい先付をはじめ全9皿からなるコース。中でも「必ず組み込む」のが、フカヒレの煮込み。気仙沼（けせんぬま）産のヨシキリザメは脂分を抜き、薄口醤油や酒、砂糖などを用いて煮含める。その後、香ばしく焼き上げたなら、澄んだ旨みを蓄えた上湯（シャンタン）のあんを纏わせる。「開店の頃に比べると、味は深いけれど薄味の煮込みに」と、長年通うお客を飽きさせない進化も。また、牛ホホ肉の黒酢あんは「和食の『豚角煮じゃが芋あん』から発想を得て」、優しい味わいのジャガイモのピュレを忍ばせて。ブルーチーズを合わせる自家製叉焼（チャーシュー）、花椒（ホワジャオ）の華やかな香りが生きた麻婆豆腐など名作も多く「変わらない味と挑戦を織り交ぜていきたいです」。

東山の閑静な路地の奥。坪庭を配した京町家の風情と、割烹のごときカウンターが据えられたライブ感ある空間には、食べ込んだ客を充たす円熟味が随所に宿る。

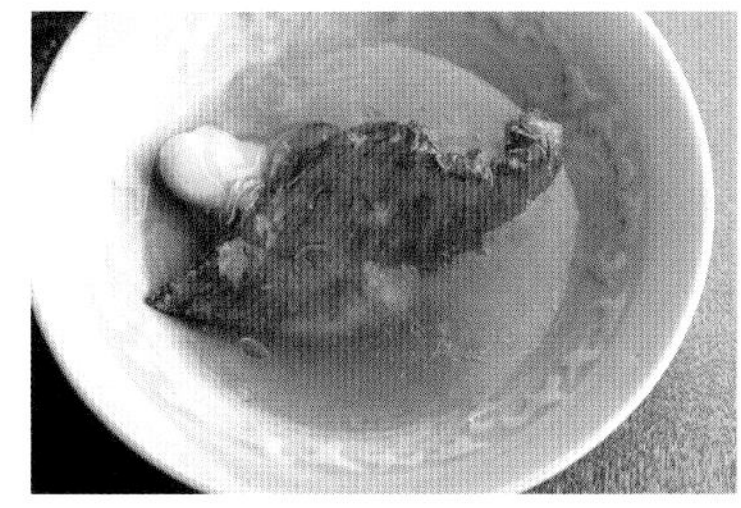

料理はすべてコース27500円（全9品）から。左／フカヒレ煮込みは、上湯の上品な旨みの余韻が広がる。中／牛ホホ肉の黒酢あんは、コクが深くすっきりとした味わい。ジャガイモのピュレと共に。右／締めには麻婆豆腐を。豚肉は、粗挽きと細挽きを組み合わせて食感にアクセントを。自家製辣油や、熟成豆板醤が味わいに深みをもたらす。

京都市東山区上弁天町444-2
☎075･561･1650
18:00～21:00／日曜休
京阪本線祇園四条駅から徒歩10分
予約必要／カード不可
カウンター10席
㊎コース27500円。生ビール中1100円。

デザート

×

『祇園 にしかわ』
店主
西川正芳

「師弟セッション」最終章には、「人を惹き付ける才能の持ち主」と評される『祇園 にしかわ』西川正芳さんが登場。お題はデザート。コースを締めくくり、最後の印象を残す献立だけに、師弟共に渾身の作をぶつけ合います。最後に、師匠からこれからの料理人に対してメッセージもいただきました。

デザートは――

「冷・温の2皿構成で、心を和ませる」

――西川

「季節に応じた、
ストーリー性を
大切に」
――佐々木

―12月のデザート・前編―

夏の甘味を
冬に向く仕立てに。
食べ手への想いを宿して

アイスクリームの旬は冬!?

佐々木 ついに「師弟セッション」も最終回。テーマはデザートや。ほな、西川から始めてもらおうか。

西川 おやっさん、よろしくお願いします。ウチの店では食後に2品、甘いものをご用意します。一皿目は、果物を用いた冷製。続いて、作りたての温かいデザートです。今は12月。季節らしさはもとより、温度の違いもお楽しみいただけたらと。

佐々木 最後に温かいデザートというのは、肌寒いこの時季、お客様の心をホッと和ませるにはもってこいやな。

西川 仰る通りです。まず一皿目は、食後にさっぱり感を、と考えました。リンゴと柿にブドウのゼリーをかけ、自家製の紫蘇(しそ)シャーベットを盛り、スダチの皮を振りました。どうぞ、お召し上がりください。

佐々木 いただきます。……西川、ちょっと聞いてぇか。12月に出すご飯物は何や?

西川 えっ? 基本的には、土鍋で炊いた白ご飯です。まずは、煮えばなを一口だけお出しします。2膳目は、11月に仕込んだ自家製のカラスミをかけ、お召し上がりいただくことが多いです。

佐々木 なるほど。なぜご飯物の内容を聞いたのか分かるか? デザートで口の中をさっぱりさせたいくらい重たいものなのか、そこを知りたかったわけや。12月というこの寒い時季。カラスミがけご飯を味わった後に清々しいシャーベットという展開は、寒々しく感じると思うんや。

西川 ……鋭いです。そこまでは考えていませんでした。

佐々木 しかも、12月はフレッシュフルーツの端境期。この時季にフルーツを使うのは、

【弟子:西川正芳さん作】
季節の果実と紫蘇シャーベット

僕かて難しい。そこでや。いっそのこと、〝あったかいアイスクリーム〟にしたらどうや？

西川 な、なんですか、アイスが温かい⁉

佐々木 〝アイスクリームの旬は冬〟というのが僕の持論や。多くの人は、アイス＝夏の食べ物やと思ってるやろ。ではなぜ、冬と言うたのか。アイスクリームは季節に応じた「温度」がとても大事なんや。寒い時季にカチカチの冷たいものを口に入れたら、舌が麻痺して本来の美味しさを味わえない。そこでや。冬は冷蔵庫でギリギリまで柔らかくして、クネル（※1）してお出しする。一口味わえば、ふわふわっとした食感で、口溶けは滑らか。心がほどけるような、あったか～い気分になるんや。これは和食のみならず、あらゆるジャンルの料理に対して言える。

西川 おやっさん、納得いきました。寒さを感じさせない温度、質感が大事ということですね。

佐々木 そういうこと。料理人は、お客様の五感に寄り添う気持ちを持ち続けないと。例えば野菜かて、夏はパリッ、シャキッとした生野菜が好まれる。けれど冬は、あの音が寒々しく感じるやろ。ふにゅっ、ほろっと優しく崩れるカブや大根の炊いたんを欲するのはそこにある。だからデザートも、シャリシャリのシャーベットは冬には合わへんと思う。それで〝温かい〟アイスクリームの提案をしたんや。見方を変えたら、炊き込みご飯や、すき焼き仕立ての丼など、しっかりした味わいのご飯物の後やったら、シャーベットでも成立していたかもしれへんな。

西川 勉強になります。改めて学ばせていただき、すごく背筋が伸びました。

※1 クネル：アイスクリームを温めたスプーンやディッシャーで成形したもの。

【弟子：西川正芳さん作】わらび餅

冬に美味しい、温かいわらび餅

西川 間髪入れずではありますが…２皿目をご用意いたしました。わらび餅に黒豆のきな粉、そしてあったかい大納言小豆を。この後、お茶を点てますので、やや甘めの仕立てです。添えた銀杏、その苦みとのコントラストもお楽しみください。

佐々木 これは美味い！ わらび餅を温かくして出すことで、つるりとした喉越しと、上品な風味を感じる。そこに炊きたての粒あん。そのホクホクとした食感がいい調和をとっている。わらび餅は基本、夏の食べ物やけど、冬ならではの美味しさを感じる見事な甘味や。

西川 ありがとうございます。この一品が冷え切っていたら、感じ方が全く違いますから。気を衒うことは一切せず、蒸したて、炊きたてを追求しました。あっ、そういえば…。12月にうちの店でお出ししている柚子釜と、このわらび餅を組み合わせてもいいかもしれない。

佐々木 ほほぅ、詳しく聞かせて欲しいな。

西川 柚子釜の中に柚子果汁を搾り入れた葛湯を流し込み、それを加熱した石の上に置きます。お召し上がりいただく際、石に少量のお湯をかけると蒸気の立ち上りと同時に柚子の芳しさがふわっと広がる。五感でお楽しみいただく甘味ですね。例えばこれに、わらび餅を忍ばせるのです。柚子の蓋を搾って、お客様ご自身で香りを足していただくこともできます。

佐々木 その演出、最高やんか。果物がない時季でも、柚子はある。その中に、コシがあり喉越しもいいわらび餅を仕込み、「柚子の香りと共にお楽しみください」とお出ししたら、グレードアップすると思うね。

西川 ありがとうございます。早速、実践してみます。また報告させてください！

［弟子：西川正芳さん作］

季節の果実と紫蘇シャーベット

＜紫蘇シャーベットを作る＞

❶鍋に水600㎖とグラニュー糖180g、板ゼラチン5枚（1枚3g）を入れて弱火にかける。ゼラチンが溶けたら火から外す。

❷①が常温になったら、赤紫蘇ジュース（京都・大原『味工房 志野』製）900㎖を混ぜ合わせ、アイスクリームメーカーに入れて回し、紫蘇シャーベットにする。

＜ブドウゼリーを作る＞

❸鍋に白ブドウジュース360㎖、板ゼラチン2枚半を入れて弱火にかけ、40℃前後で加熱。板ゼラチンが溶けたらバットに移して冷やし固める。

＜果物の仕込み・仕上げ＞

❹リンゴと柿は皮を剥き、それぞれ1cmの角切りにする。色止めのため、スダチを搾った水に浸けておく。

❺器に水気を取った④を盛り、その上に③を重ねる。さらにスプーンで成形した②をのせ、スダチの皮を振る。

わらび餅

＜わらび餅を作る＞

❶ボウルに上わらび粉・正真わらび粉を各220g入れてさっと混ぜ、水100㎖を少しずつ入れてよく混ぜ、ザルで濾しながら鍋に移す。

❷①に黒糖60gとグラニュー糖400gを入れて強火にかけ、ゴムベラで混ぜ続ける。灰色の生地が、透明感ある黒色になれば火を消して、約10分混ぜ続ける。

❸流し缶（幅25cm×28cm×高さ4cm）に入れて、80～85℃に設定したスチームコンベクションオーブンで10分加熱する。

❹③にラップをして冷蔵庫で一晩置く。寝かせることで、わらび餅のコシが強くなる。

＜粒あんを仕込む＞

❺小豆300gを一晩、水に浸ける。

❻鍋にたっぷりの水と小豆を入れて茹でこぼす。

❼土鍋に水1ℓと水気を切った⑥を入れて中火にかける。沸いたらアクを取り、和三盆500gを加え、蓋をして弱火で2時間炊く。仕上げに濃口醤油大さじ1で味を調える。

＜仕込げ＞

❽④のわらび餅を3㎝幅に切り、80℃のスチームコンベクションオーブンで5分温める。

❾銀杏は素揚げして皮を剥き、指で優しく潰して楕円形に。少量の塩を振る。

❿器に⑧と温かい状態の⑦を適量のせ、黒豆きな粉を振り、⑨をあしらう。

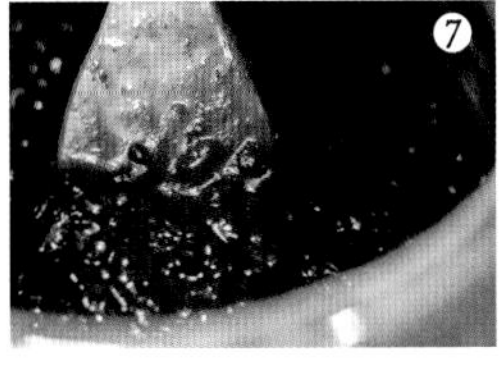

⑦

⑧

［弟子：西川正芳さん作］

柚子の葛湯

後日、西川さんにわらび餅を使った「柚子の葛湯」を作っていただいた。柚子釜の中に入るのは、わらび餅のほか、イチゴと網笠(あみがさ)柚子。

網笠柚子は「昔ながらの仕事を見つめ直したい」と手をかけ、丹精したもの。表面を擦りおろして凹凸を取り除いた柚子皮を、まずは2回茹でこぼして強い苦みを和らげる。グラニュー糖を加えて弱火で8時間ゆっくりと火を入れ、一晩寝かせる。翌日、再び火にかけ一気に煮詰めていく。「目安は、張りがあった皮が、むっちりとした質感になるまで。表面にツヤが出てきたら、濃口醤油を数滴垂らし、味を締めて完成です」。

わらび粉には、柚子の苦みと酸味とのバランスを考え、和三盆・黒糖・グラニュー糖の3種の糖類を組み合わせる。「甘みがスッと引くグラニュー糖を軸に、和三盆が持つまろやかな味わいと、黒糖でコクとニッキのような清々しい風味を加えました」。

柚子果汁の酸味を利かせた葛湯と共に柚子釜へ。焼き石にのせ、石の端に柚子果汁入りの熱湯をジュッとかける。湯気と共に立ち上る香りが実に鮮烈。コースのクライマックスを飾る印象的な一品となった。

丁寧な仕込みでむっちり感とほろ苦さが強調された網笠柚子。

―12月のデザート・後編―

柚子が香るケーキをアップルティーと共に。12月限定のサプライズ

クリスマスの装いという遊び心

佐々木 今回は『祇園さゝ木』のデザートを食べてもらうで。いつもと違って、洋風に仕立てる。洋風のデザートを提供するのは、12月だけと決めてるんや。

西川 もしかして、クリスマスがあるからですか？

佐々木 そういうことや。テーマは、「小さなクリスマス」。和食店のデザートでクリスマス、というのもトーンが違う気もする。せやけど、この時季は街中がクリスマスムード一色。心なしか、誰もが浮き立つような気持ちになるやんか。作り手としては、そこを意識したいなと思う。せやから今月のデザートは遊び心、満載や。

西川 おぉ～っ。粉雪をあしらったモンブラン仕立てですね。

佐々木 ちょっと大きかったかな。せやけど、スッと入る味わいに仕上がっていると思う。お待たせしました、「小さなクリスマス」です。どうぞ、お召し上がりください。

西川 いただきます。……素材の味が引き立っていますね。サツマイモの素朴な甘みと香り。しかも純白の生地は、思いのほか軽やかで口溶けがいいです。どこかチー

【師匠：佐々木 浩さん作】小さなクリスマス

ズケーキのような爽やかさも。

佐々木 ホワイトチョコレートと生クリームをベースに、柚子の果汁を利かせ、さっぱりとした後味をと考えたんや。

西川 それで、洋菓子の趣がありながらも、和の懐かしい香りがしたんですね。そしてボリューム感があるのに、ぺろっと全部いけました（笑）。

佐々木 嬉しいこと言うてくれるね。12月、このデザートの前のご飯物は、カニチャーハンが定番や。カニの身をどっさり入れた、旨みもパンチもある味わいやから、柚子果汁の酸味を持たせたケーキでスッキリしていただきたいという意図もある。そして、このデザートには抹茶もほうじ茶も合わへんから、飲み物はアップルティーを出すんや。

西川 アップルティーの甘い香りが、リッチだけど清々しい味わいのケーキにとてもよく合っています。ただただ、素晴らしいの一言です。

次の予約を取っていただくために

西川 ちなみに、おやっさんはコース最後のデザートはどんな存在だと考えてらっしゃいますか？

佐々木 最後にこけたら全ての料理が台無しになる…。それくらい気を使う献立やな。僕が修業をしていた40年前。高単価の日本料理屋の水物はメロン、手頃な店ではネーブルオレンジやイチゴがお決まりやった。今はそういう時代じゃないわな。季節に応じたストーリー性のあるデザートをお出しすることで、最後の最後にお客様の満足度をぐんと高めることが重要やと考えている。

西川 印象に残りますもんね。

佐々木 せや。最後にビシッとまとまれば、お客様から「美味しかった、楽しかった」、そして「今度はいつ空いてる？」という言葉をいただけるんやと思う。

西川 そのお言葉をいただきたいので…デザートだけでなく、コース全体を通してお客様1組ごとの好み、その日の体調に合わせて料理をお作りしたい、と言うのが本音。ですが、現実的にそうはいかず…。ですから、例えば食欲のない夏には酸味を利かせた先付でお客様の反応を窺ったり、冬なら外気で冷えた身体を少しでも温めていただきたいと、あえて椀物から始めるなど、常にお客様の気持ちに寄り添うことができる料理人でありたいと思っています。

佐々木 その気持ちを忘れずにいて欲しい。今回は最終回やから、僕が今、日本料理全体に対して一番危惧していることも言わしてもらう。このことは弟子はもちろん、気付いてもらえる料理人にだけ理解してもらえたらええんやけど…。今なお、「映える」ことばかりに気を取られている作り手が、なんと多いことか。ステーキにフォアグラ、キャビアにトリュフてんこ盛り、カニのタワー……。一回食べたら満足や。しかも、高いお金を支払われて、SNSにアップして盛り上がっておられる食べ手も多くいらっしゃる。果たしてその関係が長いこと続くのか？　いや、すぐに飽きられると思う。柳の下にずっとドジョウがいてると思ったら大間違いや。そこをしっかり、若い料理人たちに伝え続けたい。

西川 深いお言葉をありがとうございます。『祇園さゝ木』ならではのイズムを、改めて学ばせていただくことができました。おやっさんの想いを受け継ぎ、身を引き締めて取り組んでいきます。

佐々木 若い料理人が料理長や主人になって、この気持ちを受け継いでもらえたら、ちゃんとした和食が次世代へ繋がると思う。応援してるで。

ン9gを加えてさらに混ぜる。とろみが付いてきたら再び鍋に戻し入れて弱火にかけ、もったりとするまで加熱する。

⓫⑩を濾し、⑦を加えてゴムベラで素早く混ぜる。

⓬⑪に⑧と柚子の果汁70㎖を加え、もったりするまでゴムベラで数分混ぜる。

⓭流し缶(27㎝×30㎝型)に⑥のスポンジケーキを敷き、シロップ(水とコアントローを混ぜ合わせたもの)をハケで塗り、⑫を流し入れ、冷蔵庫で数時間、冷やし固める。

<サツマイモのモンブランクリームを作る>

⓮サツマイモ(500g)は皮付きのままアルミホイルで包み、150℃のオーブンで約30分、竹串がすっと通るまで加熱する。皮を厚めに剥き、適当なサイズにカットして裏漉しする。

⓯ボウルに⑭のサツマイモのペースト400g・グラニュー糖25g・牛乳86㎖・生クリーム(乳脂肪分45%)100㎖を入れて混ぜ合わせ、搾り袋に入れる。

<仕上げ>

⓰⑬の生地を5cm×3cm幅に切り分け、⑮のクリームを絞る。両サイドを数㎜切り落とし、形を整えて器に盛る。星を象ったホワイトチョコと、柊の葉をあしらい、粉糖をかける。

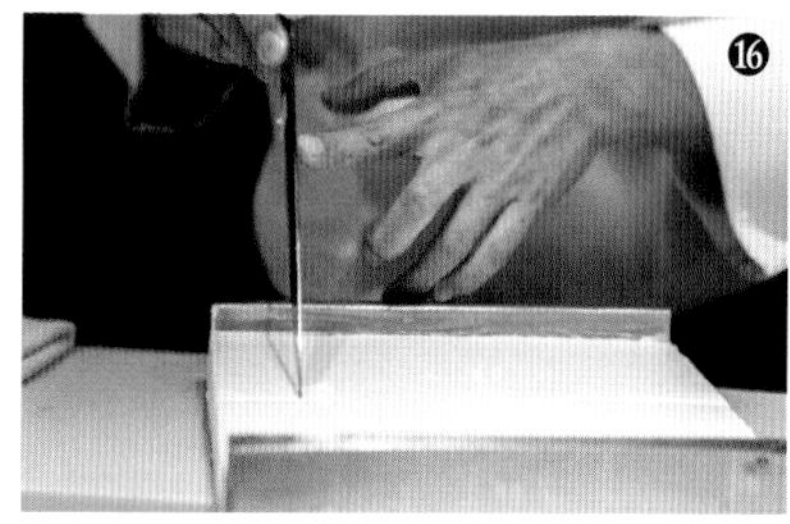

⓰

⓰

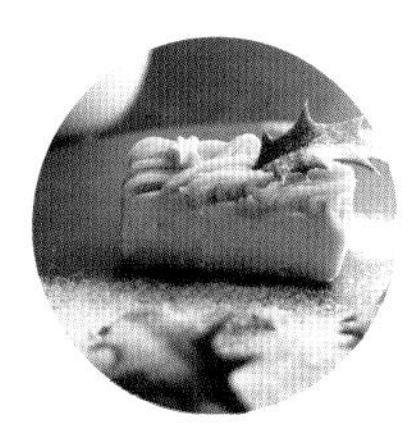

［師匠：佐々木 浩さん作］

小さなクリスマス

<スポンジケーキを作る>

流し缶（27㎝×30㎝型）3つ分

❶薄力粉（日清「バイオレット」）198gを、ふるいにかける。

❷鍋に湯を沸かし、バター102gを大きめのボウルに入れ、湯煎にかける。

❸別のボウルに全卵6個を入れ、泡立て器で混ぜ合わせる。卵白のコシが切れてサラサラになれば湯煎にかけ、ハンドミキサーの中速で攪拌する。卵液が人肌の温度になれば湯煎から外す。さらに中速で攪拌させ、全体が白っぽくなるまで泡立て、8の字が描ける状態になれば低速に戻す。生地の大きな気泡が消え、なめらかな質感になるまで優しく混ぜる。ボウルの底にミキサーを当てないよう気をつける。

❹③に①を一気に入れ、ゴムベラですくうように混ぜ合わせる。

❺②のボウルに④を加え、ゴムベラで素早く混ぜる。

❻生地の1/3を低い位置から流し缶に流し、型の底を軽く叩いて生地を馴染ませる。170℃に予熱しておいたオーブンを160℃に設定して13分、生地を裏返して7〜10分焼き上げる。型から取り出し、粗熱を取る。

<ショコラブランクリームを作る>

❼ホワイトチョコレート496gをボウルに入れ、湯煎にかける。

❽生クリーム（乳脂肪分45%）844㎖をハンドミキサーで攪拌し、七分立てにする。

❾ボウルに卵黄5個とグラニュー糖30gを入れ、泡立て器で白っぽくなるまで泡立てる。

❿牛乳178㎖を鍋に入れ、弱火にかけて温める。湯気が立ったら、⑨に注ぎ入れてゴムベラで混ぜ合わせる。水で戻したゼラチ

京都｜祇園

祇園 にしかわ

日本の歳時を
質実に表現。
記憶に残る
全8皿のコース

打ち水が清々しい石畳のアプローチを抜けて入る、数寄屋造りの館。桧の一枚板が圧巻のカウンター席に腰を据えれば、お竈（くど）さんと炭焼き場を設けた厨房が視界に飛び込む。臨場感ある空間と同様、店主・西川正芳さんが紡ぐコースには魅せ場が多い。以前、12皿あった品数を8皿に絞り、一品一品の印象を深く刻む。

夜のおまかせであれば、一斉に供される先付に瞠目。「水無月には、氷片を口にして暑気払いをしたとされる氷の節句があります。まずは目でお楽しみください」。涼しげな氷鉢にはウニやアワビが煌めき、素麺やジュンサイで清涼感を添える。そんな日本の四季や節句を料理に映す、ストーリー性のある展開には、居合わせた客同士の会話も弾む。

穴子の煮物椀なら、利尻昆布の潔い旨みと、削りたてのカツオ本枯節の香りに、肉厚でいてほろりと繊細な伝助穴子の滋味を重ねて。塩焼きの天然鮎とタレ焼きの鰻など季節をダイレクトに感じる焼き物や、「うちのメインディシュは白ご飯です」と、水分をたっぷり含んだ艶やかな煮えばなも登場。

割烹の醍醐味と茶懐石のもてなしの精神を併せ、自由な発想も随所に。西川さんの洒脱なトークにも磨きがかかり、食べ手の心を惹きつけてやまない。

料理はすべて夜のおまかせライトコース(全8品) 25300円から。水無月の献立より。左／先付は氷鉢にて。鮑柔らか煮、ウニ、キャビアを素麺と共に。ジュンサイの透明感も清々しい。中／土鍋炊きのご飯は、『八代目儀兵衛』によるコシヒカリ3種をブレンド。お米からご飯に変わる瞬間の煮えばなは、昼夜必ず提供する。右／馥郁たる香りが広がる煮物椀は、白漆の平椀にて。この日は伝助穴子の葛叩き。椀ヅマは翡翠ナス、針ショウガ、叩き木ノ芽。

京都市東山区下河原通八坂鳥居前下ル下河原町473
☎075・525・1776
12:00一斉スタート～15:00退店、18:30一斉スタート／日曜、月曜の昼休
京阪本線祇園四条駅から徒歩14分
予約必要／カードほぼすべて可／カウンター11席、テーブル10席、個室1室(2～7名)
㊎お昼の懐石(全8品)12650円、夜／おまかせライトコース(全8品)25300円、
通常コース(全8品)33000円。生ビール中800円、日本酒(90㎖)1000円～。※サービス料込。

「さゝ木一門会」師弟セッションを終えて

信頼は厚く、絆は深く。「さゝ木一門会」師弟の関係性が、多くの気づきを生む

「さゝ木一門会」、師弟セッションの現場には、いつだって緊張感と和やかな空気が同居していた。

師匠・佐々木浩さんの目の前で、入魂の一品を仕上げる弟子たち。その想いを受け止めながら、「美味い、美味いよ。ただ…」と、あえて苦言を呈する師匠。意欲をかきたてるアドバイスもあれば「素晴らしいの一言や」という称賛も。そこには一国一城の主となった弟子への尊重と大きな愛情があった。

一方の弟子たちは、独立後の成長を示すべく大奮闘。ひたむきに挑む姿が印象的だった。そして、弟子たちは声を揃える。「独立後も、おやっさんから学べるのが一門会の強みです」。

記事を読み返すたびに感じることがある。「さゝ木一門会」という師弟の関係は、〝我が子を思う親の気持ち〟に通ずる師匠の慈愛と、いつか師匠を超えたいという弟子たちの気概で成り立っている、ということ。

「ウチの店は〝来るもの拒まず去るもの追わず〟や」。多くの弟子を抱える佐々木さんは言う。心が離れたなら引き止めることはしない。裏を返せば、「自分を信じてくれるなら、どんな者でも受け入れる」という覚悟。一門会の面々は、佐々木さんを信じ、独立してもその下を〝去らなかった〟精鋭たちなのだ。

師弟共に、オリジナリティが光る攻めの料理あり、日々変化する気候を鑑みた一皿あり。当たり前といえば当たり前だが、すべてはお客様のため。お客様からこの一言を引き出すため。「美味しかった、楽しかった！」。美味しいは大前提。いかに、お客様を楽しませるか？　その〝楽味〟の追求こそが、〝さゝ木イズム〟なのだ。

おそらく誌面を目にする誰もが〝さゝ木イズム〟から学ぶことは多く、和食の本質を再認識することができる師弟セッションであったと実感している。

（文／船井香緒里）

割烹革命

Kappou Revolution

割烹界の革命児・佐々木浩。
〝佐々木劇場〟とも称されるエキサイティングな演出と
軽妙な話術で場を盛り上げ、満席をとり続けています。
そこには数々の革新的仕掛けがあり、苦悩、葛藤も。
それでも「お客さんが喜んでくれるなら」という一心で
走り続けてきたこれまでを振り返ります。

（あまから手帖2017年6月号より）

石窯設置

『祇園さゝ木』の名が全国区になったのは、2006年、3カ所目となる現在の地に移転してからだろう。「先の2軒と違い、初めて自分で買った物件。僕の本気度がようやく伝わった手ごたえがありました」。

当初は葛藤を抱えた。多くを納得させられる仕掛けが必要だと思う一方、さりとて何をすれば良いのか。物件を手に入れてから半年間、悩みに悩んだが、答えは意外なところで見つかった。「『吉田牧場（岡山）』のピザ窯で、アワビを焼いたんです。それが抜群に美味かった。ピザ窯でいこう！と興奮しました」。早速、群馬県の会社に発注してイタリア産の石を組んでもらう。2.2トンものピザ窯を、買った物件の玄関部分をすべて壊し、マンション建設などに使われるサイズのクレーン車で宙吊りにして店に収めた。「それは話題になりました。土地買うわ、建物の半分壊すわ、窯吊るわ。イタリアンでも出すんかと、えらいからかわれました」。

佐々木さんは外野がどう言おうが「美味いものが提供できて、お客さんが喜んでくれはるなら」意に介さない信念の持ち主である。が、一斉スタートを始めた時の反応には挫けそうになったと振り返る。

今では多くの店が採用しているこのスタイル。きっかけは大きな

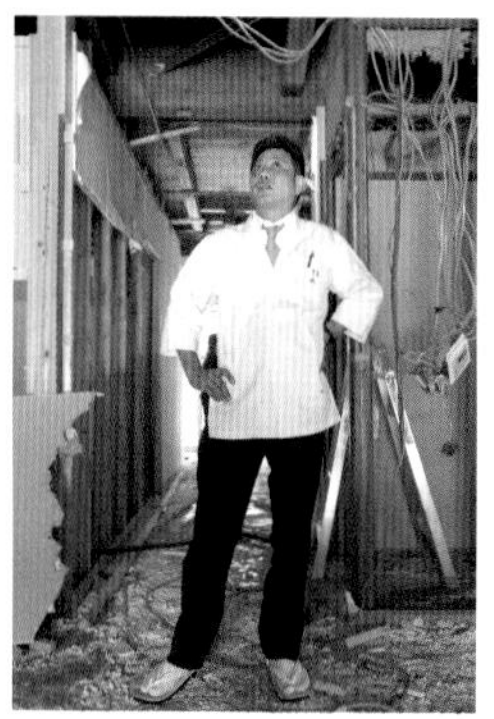

祇園北側から、
現在の建仁寺南側に移転する際の
工事中の写真。
「壊された内装を見て、腹をくくりましたわ」。
（あまから手帖2006年7月号より）

石窯をクレーン車が運ぶ。
店の2軒隣の駐車場から吊り上げ、
民家を越え、店の2階テラスに降ろした。
（あまから手帖2006年10月号より）

一斉スタート

塊肉をピザ窯で焼いて仕上げるローストビーフだった。「できあがった瞬間、一番美味いところを味わう感激をカウンターのお客さん全員で共有してもらいたくて」午後6時半の一斉スタートに踏み切ったのだ。18年近く前のことだが「まぁ、いろいろ言われました。平日の6時半なんて仕事している時間。仕事休めと言うのかと。間に合わない場合は奥のテーブル席を案内するんですけど、なんでカウンターはあかんねんとか…。それで離れていかはった常連さんも正直いはりました」。

煮物にしろ焼き物にしろ、ベストのタイミングで料理が出せる点もだが、一番の効果は場が盛り上がること。初めは緊張の面持ちだった人たちが、大将の軽妙なトークと、同じ料理を横並びで味わう一体感から、次第に心をほどいていく。初対面にもかかわらず隣同士で会話を始め、酒を酌み交わし、帰る頃には連絡先を交換するという光景も珍しくはない。「映画かて芝居かて、みんなで観たら感動が2倍にも3倍にもなりますやん。こんな時代やからこそ、半日でもええから休みを取って、今夜は『さゝ木』に行くんやと朝からウキウキしていただけたらと思うんですよ。僕らはそんなスペシャ

石窯は、最大で500℃まで温度が上がる。
「一番最初に焼いたんは、
祭事に使った餅やねん」と佐々木さん。
（あまから手帖2006年12月号より）

10m70㎝のマホガニー材の
カウンターが設置された日。
現在は新しいカウンターの上に設えられている。
（あまから手帖2006年11月号より）

ルな期待に応えられるように精一杯頑張る。料理屋とは、美味しいもんを提供するだけの箱やなくて、夢を与える場所でもあると思っているので」。この哲学が〝佐々木劇場〟を支えている。

とは言いつつ、怒られることもあった。十数年前のある日のこと。佐々木さんは毎年勉強も兼ねて、料理人たちとヨーロッパ各地に出掛けている。ワイナリーを訪問したり、生産者に会ったり、毎食ごとに評判の店を食べ歩く強行軍だ。そんなハードスケジュールをこなして帰国し、そのまま夜のカウンターに立ったところ、中央の席に顔なじみであるお茶屋のお母さんが座っていた。佐々木さんを見るなり「あんた、疲れてるのんか？ と。いや〜、さっきパリから帰ってきたところですねんと答えたら、エコノミーで帰って来たんかと聞かれて。正直にハイと答えました。だって、新幹線のグリーン車に乗ってただけで偉そうにしてると言われた経験があったから、ビジネスなんかに乗った日には何を言われるかと…」。それを聞いたお母さん。予約客がカウンターに着き、スタートを今かと待つ只中ですくっと立ち上がり「バン！」とカウンターを叩いた。満座は文字通り凍り付く。「あんた、客を何やと思ってんの？ 私らは大事なお客さんに3カ月も4カ月も待ってもろて、ようやくこの日を迎えてるんでっせ。ファーストクラスとは言わんけど、せめてビジネスで

2006年10月1日、建仁寺南側に移転し、
オープン初日の模様。
それまで裏方を務めていた木田康夫さんも、
この日からカウンターに立った。
（あまから手帖2006年12月号より）

帰って来て、心身ともに万全な状態で客を迎えるのが筋やないのか、と。背筋にビリビリと電流が走りました。祇園という特別な街で、人をもてなす仕事をする覚悟を心の底から思い知らされました」。

選べるデザート

佐々木さんのエンターテインメント性を表すものの一つに、割烹ではおそらく前代未聞のデザートの大盤振る舞いがある。ランチのデザートを何種類も作って銀盆の上に並べ、好きなものを好きなだけ選べる。女性たちに大ウケだ。

「あれは苦肉の策というか、3人で回してた2カ所目の店にもう一人弟子志望が来た。彼の給料をひねり出すためにランチを始めたんですけど、ほとんどを占める女性客のハートを掴むにはデザートやと思ったんです」。

この奇策も大ヒット。夜同様、昼席もプラチナシートとなった。

板前劇場

「一般的な会席料理ってスーッと始まってスーッと終わる。美味しかったけど、意外と記憶に残ってなかったり。だから僕は山場を設けています」。そんな劇場の〝名優〟は、メインを張る食材の存在だと

昼は大皿から好みのデザートを選ぶスタイルだが、ほとんどのお客が全種類食べていたという。写真は、よもぎのテリーヌ、ラズベリーのギモーブ、アップルタルトなど。（あまから手帖2017年6月号より）

佐々木さんは言う。

晩秋、目を瞠(みは)るほど大きな長野産松茸を竹籠に山と盛り、「ええ鱧が入ってますから、今シーズン最後の鱧松をお出しします」と声を張って客を沸かす。11月半ばには「今年も津居山漁港に行って、美味いカニを送ってもらえるようにお願いしてきました」と満面の笑みを浮かべながら、脚をばたつかせる、身入りの良さそうな松葉ガニを掲げてみせる。全員が注視する中、出刃庖丁を使って威勢良く殻を削いでいく。時には殻が客の目の前まで飛ぶこともあるが、それもトークのネタにしながら振り塩をしてピザ窯の中へ。「1本目は6割の火入れにしたいんで2分半。遠赤外線効果が高いからそれで十分なんです。中心部は生です。2本目はもう少し長めに焼いて甘みを引き出します!」。そう宣言すると嬌声があちこちで上がる。山場はもう一つ。甲羅に詰まっていたミソを使い、佐々木さん自らが中華鍋を振って名物カニチャーハンに。人々はお腹をさすりながら「カニ食べたな~。夢にチャーハンが出てきそうやわ」などと口々に言いながら店を後にする。

忘れてはならない食材がもう一つ。マグロだ。「僕の代名詞みたいになってるもんね」と笑う通り、京都市中央卸売市場のマグ

トロのにぎり、アワビ、ウニなどを
盛り込んだ向付。
刷毛を添えているのが、
『さゝ木』流だ。
(あまから手帖2006年7月号より)

大トロのにぎり

ロ専門店には毎朝欠かさず足を運ぶ。近海もの、北海道、遠くはボストンから運ばれて来る、300kg級の大トロや中トロを手に入れて店に戻るのだ。「トロを握って、4〜5種類の造りと一緒に大皿に盛り込むスタイルは、『先斗町　ふじ田』時代に考えました。先斗町で働いてる女性たちは午後8時半からがお仕事タイム。それまでには食事を終えてんとあかん。時間が短縮できると始めたことやけど、マグロはご飯と一緒に味わってこそ本領を発揮すると僕は思っている。ワサビをたっぷりのせる点も相まってバカ受けしました」。

大トロにぎりの提供は長く続けていたが、近年は一人一人の前で2カンずつ握るスタイルを取っていた。「そのタイミングで個別にお話しさせてもらえるんでね。たまにオールドスタイルを復活させる時もあります。やっぱり喜んでもらえるから」。

たとえどんな食材を看板に据えようが、客を楽しませつつ目の前で美味い料理に仕立てる佐々木流は今後も変わらない。それは実に割烹的で、そしてやはり革新的なカタチであり続ける。

2006年のオープン初日、
房総半島のアワビを披露する佐々木さん。
420℃の石窯で約12分焼き、
肝のソースをかけ、提供された。
（あまから手帖2006年12月号より）

『祇園 楽味』の

『祇園 楽味』では、毎月、佐々木 浩さんがお客となって
弟子が試作した料理について意見を交わす試食会が行われる。
その緊張感ある模様をお届けします。

『祇園 楽味』

『祇園 さゝ木』直営の「大人の居酒屋」。先付、造りの後、魚・肉・野菜のネタ箱が豪快に並べられ、どう調理するか、料理人とお客がやり取りをして決める。「おすすめ」の品書きから選ぶことも可能。アテをつまみながらお酒を楽しめる『食ばぁー 楽味』併設。

京都市東山区祇園町南側570-206
☎075・531・3733
17:30・20:30の2部制
日曜、第2・4月曜休
京阪本線祇園四条駅から徒歩10分
予約必要／カードほぼすべて可
カウンター14席
㊎1人25000円～が目安。

〝試食会〟

試食したのは、佐々木さんのほか、左からソムリエの佐々木恭輔さん、取締役の佐々木結花さん、『祇園さゝ木』仲居の杉本弥生さん。

2023年6月19日、午前10時30分——『祇園 楽味』の店内には、営業直前のような緊張感が漂っていた。「準備いけてるか」「これ、盛り方変えた方がええんちゃう?」。声をかけ合い、〝その時〟を待つ。

毎月中~下旬頃、『楽味』では翌月の先付と「おすすめ」の献立を決める試食会が行われる。2年目以上の料理人が1~3品ずつ用意し、佐々木 浩さんとスタッフ数人が試食。この日に至るまでに『楽味』のスタッフで試食をし、改善を図ったものを披露するという。

午前11時00分——「おはよう!」。佐々木さんが入店する。娘で取締役の佐々木結花さん、夫でソムリエの佐々木恭輔さん、『祇園さゝ木』仲居の杉本弥生さんも揃い、カウンターに着く。「えー、今日は7月の献立の試食会やな。いつも言うてる通り、大事なんは第一印象を決めるデザイン、ボリューム感、そして、セールスポイントを明快に述べること。ほな、営業さながらによろしく!」。

【千谷友哉さん作】

翡翠ナス 新生姜のグラニテ

千谷 お願いします! 先付を考えました。揚げた翡翠ナスと新ショウガのグラニテです。上には日向夏のマーマレードで苦みを添えています。暑い季節の最初の一品として、さっぱりと仕立てました!

佐々木 …なるほど。野菜でさっぱり、はええねんけど、なんかもう1個欲しいな。

結花 確かに。帆立貝はどうですか?

佐々木 ええな。もしくは…せや、今、イカ美味いやん。細かく庖丁入れて、薄葛打って湯引き(P30)にして添えるとか。

千谷 満足感が増しそうです。

佐々木 そういうこと。あと、技術的なもんやけど、これはグラニテちゃう、雹(ひょう)や! 本来、口に入れたらふわぁっと溶けるねん。おそらく、氷をかき混ぜるのが遅い。あと、回数が少ない。でも、それらを改善したらええ先付になると思うわ。ショウガが利いてて美味しい。

千谷 ありがとうございます!

佐々木 はい、次いこ!

【髙橋貴明さん作】

冬瓜の松前煮

髙橋 これから旬の冬瓜の松前煮(※1)です。冷製にしました。お造りや焼き物などの合間にお出しして、

※1 松前煮:昆布を使った煮物の総称。北海道の昆布で有名な産地を昔は松前と呼んでいたことに由来する。

佐々木 季節を感じていただけたら。こんなんええやん！……うん、柔らかさもええ感じや。いつ炊いたん？

髙橋 3日前です。

佐々木 松前煮に使ってるおぼろ昆布は酸が強いから、冬瓜の色が飛びやすいんやけどな。キレイなグリーンが残ってて素晴らしい。

髙橋 ありがとうございます！

佐々木 前から言うてるけど、こういうおばんざいはどんどん取り入れていって欲しいねん。なぜなら『楽味』は「大人の居酒屋」を謳ってる。昔から京都の人が日常的に食べてきた料理を出したいんや。でも、料理屋として一捻り欲しい。例えばこの冬瓜、鶏ガラで炊いて、その地に鶏そぼろを加えて葛でとろみを付けるのはどうやろ。

髙橋 動物性の旨みがのって美味しそうです。

佐々木 髙橋が「料理の幕間に」と考えたから今回は冬瓜が主役になるそぼろがベストやけど、それを手羽先や豚のしゃぶしゃぶに変えたら食べ応えのある一品になると思うで。

【堀越優希さん作】
タコ ジェノベーゼソース

堀越 タコの一品です。今、美味しいバジルをソースにし、低温調理したタコをのせ、ピンクグレープフルーツで酸味を足しました。オレン

髙橋貴明さんは、2015年入店。煮方を担当。

水口直規さんは2016年入店。焼き場を担当。

堀越優希さんは2022年入店。向板を担当。

千谷友哉さんは2021年入店。

西村泰知さんは2022年入店。

ジの皮のオイルをかけ、細かく切った黒オリーブを添えてます。

佐々木 女性陣、どう？

杉本 いい香りで、見た目も華やかで女性にウケると思います。

結花 そうですね。でも、和食やのにこまでいっていいんかな…とは思います。素材も洋のものですし。

佐々木 確かに和食という概念からは離れてるけど、僕は1個か2個、遊びのある料理があってもええと思うで。

恭輔 試作の時は夏ミカンを使い、キレイな酸味を重ねていたのですが、グレープフルーツにすると香りが残って、タコやバジル感が弱くなっているように感じます。

佐々木 そやな、酸味が違うのは確かやわ。でも今、夏ミカンええの出てないやん。8月にならんと。となると、グレープフルーツかスダチかライムになってまうねん。

高橋 橙酢とかは？

堀越 ちょっと苦みというか、エグみがあって合わないんですよね…。

佐々木 あ、話逸れるけど、今って菊芋出てへんか？千切りにしたやつ合うと思う。アカンかったらマリネにしてみ。太白ゴマ油と塩混ぜて。食感ええし、味に奥行きが出るんちゃうかな。あとな、料理として原価が低いからキャビアのせよ。ほんで、芽物野菜を散らすとええかも。

高橋 レモンバームとか良さそう。

佐々木 ええやん！それならスダチ搾るだけでいけると思うわ。よし、それでいこ。

【水口直規さん作】
鶏モモのなめろう 梅肉と共に

水口 鶏のモモ肉を焼いて冷やし、キュウリ、ミョウガ、大葉を加えて梅でなめろうに仕立てました。

佐々木 おお、だいぶ酸っぱいなコレ！

結花 塩味もちょっと強いかな…。

水口 濃い、ですかね…。

恭輔 酒のアテには嬉しいですけどね。

杉本 うん、お酒進みそう。

佐々木 味の塩梅も考えなあかんけど、この一品、鶏をそのまま出してるからオモロないねん。捻らんと。もし僕がこれを作るんやったら…せや、宮崎の鶏あるやん。真っ黒な炭火焼！ガンガン燻香付けるねん。煙がブワッて出るから、お客さんから「何やってんねん!?」ってめっちゃ興味持ってもらえるで。夏やからって冷たくせんでええ。あったかいまま和えて出したら？

水口 お客さんとの会話のきっかけにも

※2　ゴマサバ：鯖の造りを甘い醤油ベースのタレで和え、ゴマやネギなどの薬味をのせた料理。

なりますね、ありがとうございます！

【堀越優希さん作】
ゴマアジ

堀越　この間、博多で初めてゴマサバ（※2）を食べて、とても美味しくて。でも生鯖は抵抗がある人も多いかと。そこで、今、アジが美味しいので「ゴマアジ」に仕立てました。海苔、刻んだアサツキをたっぷりとのせてます。

佐々木　お客さんに何て言って売るんや？

堀越　「今が旬のアジを博多名物のゴマサバに見立てて作りました」ですかね。

佐々木　長い長い。ここにネタ箱がある。アジが並んでる。「今、旬のアジを、今日はゴマダレでどうですか！」でええねん。「何を」「どう食べてもらうか」を端的に。そしたらお客さんは納得しはるねん。（ゴマアジを食べて）……うん、これは美味い。

結花　アジで和風タルタル（※3）作って欲しい。人気出ると思います！

佐々木　ええやんか。僕が作るんやったら田舎味噌で仕立てるかな。ほんで静岡のワサビ漬けを入れたらオモロそうや。

堀越　ゴマダレでも合いますかね。

佐々木　ええと思う。タルタル作ろ！

【髙橋貴明さん作】
エビとホタテの揚げ餃子

髙橋　夏といえば、ビール、ハイボール。エビとホタテをふんだんに使った焼き餃子です！リンゴ酢にエビ辣油を加えたタレでどうぞ！

佐々木　うーん、この皮、なんでパリッとしてへんの？

髙橋　もち粉が入ってるんですよ。皮は作るか、違うのを探すかですね…。

佐々木　揚げ餃子にしたらええねん。ほんでこのタレに大根おろし入れといて、「餃子にかけてください」言うて出す。よく絡むし、さっぱり食べられるで。

髙橋　いいですね。焼き餃子より、夏に食べたくなりそうです。（下写真は、作り直した揚げ餃子）

【西村泰知さん作】
手羽先ギョウザ

西村　手羽先ギョウザです。中には鶏ミンチと軟骨、大葉。さっぱり食べていただけるよう、カリカリ梅も

※3　タルタル：肉や魚介など生の素材を細かく切り、ソースなどと絡めたもの。フランス料理の前菜として供されることが多い。

杉本 入れてます。…梅の香りはするんですが、謳うならもっと梅感が欲しいかも。

恭輔 軟骨の食感ももっとしっかりあった方がいいかな。あと、もうちょい塩味が利いてるとビールが進みそうです。

佐々木 うん、梅や軟骨はもっと立たせてええかもしれん。でもそれ以前に僕が疑問に思ってることを言うで。鶏の中になんでわざわざ鶏を射込むんや？ ただボリュームを出してるだけや。例えば中国料理で手羽先の中にツバメの巣を入れる料理がある。違うもんを入れるからやる意味あるねん。とは言え、豚や牛は合わへんと思う。鶏の方がうま味成分多いから。何がいいかな。

髙橋 コラーゲン質があるものの方がいいかもですね。スッポンの身とか。

佐々木 おお、ええやんか！ スッポンの身を炊いたやつ。

西村 「手羽先スッポン餃子」美味しそうです。アドバイスありがとうございます！

【水口直規さん作】今月のソーセージ

水口 レモンバームとパセリで清涼感を加えたソーセージです。肩ロースはミンチ、豚バラは1㎝角にし、食感を立たせて。上には髙橋さんが焼鳥用に作ったレモン麹をのせてます。

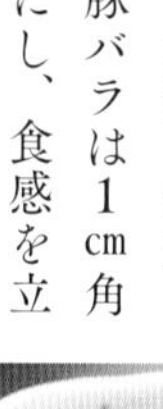

佐々木 これにはハイボールやな！ 文句なしで美味い。ただ、野菜かなんか添えた方がええかもな。

水口 はい！ 彩りも含めて、考えます。

【西村泰知さん作】賀茂ナスの肉包み

西村 京都の賀茂ナスに、和牛を巻いて和だしのあんをかけた一品です。麻婆茄子の和風版という感じで考えました。芽ネギをたっぷりとのせてます。

佐々木 うーん、もっと香りが欲しいな。ショウガをしっかり利かせるか…。あ、これ、カレーパウダー振ったらどう？（カレーパウダーをかけて）…うん、この刺激が夏にいい！ ただ、指でかけたらめっちゃ匂いが残るな。この後に魚なんかを触ったら移ってまうから、スプーンを使った方がええで。

西村 分かりました！ ありがとうございます。

【千谷友哉さん作】
鱧だしの冷麺

千谷 締めの一品として考えました。鱧だしの冷麺です。鱧のミンチを赤味噌と豆板醤のピリ辛で炒め、だしには辣油を浮かべてます。ミョウガをのせ、振り柚子をしています。

佐々木 うーん、鱧の味がせえへん…なんでか分かるか? そもそも、鱧のだしは繊細すぎて、ピリ辛に負けるねん。それやったら、鱧の焼き霜造り(P82)を3つくらい添えるとかせんと。「鱧の冷麺です」って言う以上、鱧を基準に考えへんかったら謳ってる意味がないねん。

千谷 仰る通りです…。

※4 **加減酢**:酢に調味料やだしを加えて、酸味を柔らかくしたもの。

佐々木 あと、冷麺やったら冷麺らしく、平皿で野菜を添えて出さんと。それが美味しそうに見えるポイントやねん。これで1000円て書いてあったら、僕なら高いな!て言うわ。お客さんに納得してもらえるもんを出さんと。中途半端はアカン!

千谷 はい!ありがとうございます!

本日の総評

佐々木 ……えー、これで全部やな。うん、非常に良い勉強会になりました。でも、今回は夏の料理なのに酢の物がなかったのはちょっと残念やったかな。暑い時って酢の物食べたくなるやん。思い浮かべてみ。イカゲソの湯引きとキュウリに加減酢(※4)をかけたもんとか、美味いと思うで。もう一つ。今回、鶏料理が出てたけど、鶏の唐揚げの美味いのん、作ってみーひんか。唐揚げって、大人も好きや。ほんまに美味かったら、2つとかでええねん。次回の宿題とさせてもらう。今回、改善ポイントがある料理は完成したらすぐ電話して。食べに来るから。今日はほんま、ええ試食会になったわ。お疲れさんでした!

全員 ありがとうございました!

佐々木 がんばれよ!

——午後1時。2時間の間に料理人5人が披露した料理は合計12品。どの料理に対しても、佐々木さんは瞬時に最適解を導く。その引き出しの多さと「オモロさ」をプラスするアイデアには驚くばかりだ。また、一人一人と膝を付き合わせ、「こんな料理を出したい」という意図を汲み、どうしたらカタチになるのかを共に考える。一緒に試食したスタッフの素直な意見も尊重する。佐々木さんは、「チーム さゝ木」を先導しているように見えて、実は一番後ろから皆の背中を押しているのかもしれない。

おわりに

割烹を舞台に、革新的な日本料理のカタチを恐れずに提案してきました。新しいことをどんどんやる革命児と呼ばれるのは、とても光栄なこと。でも、僕がずっと大切にしてきたのは、日本料理の根幹の部分でした。

鯛をどう捌き、どんな厚みの造り身にすると美味いのか。芋をほっこり煮るにはどうしたらいいのか。修業時代、先輩方に叩き込まれた仕事が、今の僕の料理の礎になっています。オリジナリティというのは、基礎の上にしか成り立たない。斬新な素材の組合せを提案しても、その素材の目利き、最適な火入れ、底味のしっかりしただしがなければ美味しくならないと僕は思います。

季節の移ろいを表現することも日本料理の基本です。そこには、旬の幸を使うことだけでなく、気候を鑑みた温度や味の濃淡、節句の表現など、料理人として気を配るべきことがたくさんある。夏は涼を、冬は温かさを届ける。そんな当たり前のことが今、軽んじられている気がして仕方がないんです。

60代になって、あとどのくらいカウンターに立っていられるか分かりませんが、庖丁を置くその日まで、先輩方やお客様から学んできた日本料理の根幹を、後進たちに伝えていきたいと思っています。

この一冊には、「さゝ木一門会」を筆頭に弟子たちに語りかけてきた考えが詰まっています。僕が伝えたいのは、奇抜なアイデアではないんです。お客様の立場に立って、考えて、手を尽くす。料理人としての心なんです。

京都の日本料理界で異端児と呼ばれた僕も、今は先輩方や仲間に恵まれ、多くのお客様に支持していただけるようになりました。振り返れば、僕は何とたくさんの弟子に支えられてきたことか。こうして「さゝ木 一門会」の面々と一冊の本を作ることができ、つくづく果報者だと思います。

この書籍を作るにあたって、ライターの船井香緒里さん、カメラマンの高見尊裕さん、WA・TO・BI編集部の阪口 香さん、デザイナーの矢野晋作さんには多大なご尽力をいただきました。また、書籍化をご提案いただいたWA・TO・BI編集長の中本由美子さんにも心より御礼申し上げます。

そして、僕の新たな船出を応援してくれている家族にも改めて感謝を伝えたいと思います。

「さゝ木 一門会」と『祇園さゝ木』のスタッフは僕の宝です。彼らと共に少なくともあと15年、京都と日本料理界のために頑張ります。

鮨 楽味
きだ

祇園さゝ木

京都市東山区八坂通大和大路東入ル小松町566-27
☎075・551・5000
12:00・18:30一斉スタート（ショップ11:00〜18:30）
日・月曜休、不定休あり
京阪本線祇園四条駅から徒歩15分
予約必要（月初めの営業日に2カ月先〜末日の予約開始。
受付時間10:00〜12:00、16:30〜18:30）
カードほぼすべて可
カウンター12席、離れカウンター6席
㊎昼コース22000円、夜コース44000円（仕入れにより変動）。
日本酒1合2300円〜。※サービス料込。

佐々木浩

割烹『祇園さゝ木』主人。1961年奈良県生まれ。祖父、父が料理人という環境で育ち、高校卒業後に料理人の道へ。滋賀県の料理旅館を皮切りに複数店で修業し、27歳で京都・先斗町の『割烹ふじ田』料理長に就任。1998年、36歳で独立し、祇園町北側に『祇園さゝ木』を開店。その後、移転に伴い店舗の規模を広げ、2006年、八坂通に100坪の一軒家を購入。1年がかりで改装を施し、連日「予約の取れない店」として満席を取り続ける。「弟子を育てる店造りを」と再度改装を施し、2023年8月、リニューアルオープンを果たす。

祇園さゝ木 一門会 師弟セッション

発行日　2023年9月13日

著者　佐々木 浩

撮影　高見尊裕
P3・94〜95＝下村亮人、P38〜39＝竹中稔彦、P72〜73＝吉田秀司
P112＝東谷幸一、P131（中左・中）・158・170・175〜176＝ハリー中西
P172＝中川 彰、P173（右）・174・177＝塩崎 聰
P173（左）＝エレファント・タカ、P178〜185＝内藤貞保

取材・文　船井香緒里、小林明子、西村晶子、中本由美子（WA・TO・BI編集部）

編集　阪口 香（WA・TO・BI編集部）

デザイン　矢野晋作（ヤノデザイン）

校閲　野尻浩一

発行人　東 昌宏

発行・販売　株式会社クリエテ関西
〒531-0071 大阪市北区中津1-18-6 冨士アネックス3F
WA・TO・BI事業部・あまから手帖編集部☎06・6375・2330
販売部・広告部☎06・6375・2363
https://watobi.jp/
https://www.amakaratecho.jp/

印刷　株式会社 シナノ パブリッシング プレス

※掲載店の営業時間、定休日、料理内容、価格などは発行時のものです。変更の可能性がありますので、ご注意ください。

ISBN978-4-906632-52-7